# Informatik aktuell

Herausgeber: W. Brauer
im Auftrag der Gesellschaft für Informatik (GI)

Springer
Berlin
Heidelberg
New York
Barcelona
Budapest
Hongkong
London
Mailand
Paris
Santa Clara
Singapur
Tokio

Peter Holleczek (Hrsg.)

# PEARL 96

## Workshop über Realzeitsysteme

Fachtagung der GI-Fachgruppe 4.4.2
Echtzeitprogrammierung, PEARL
Boppard, 28./29. November 1996

Springer

**Herausgeber**

Peter Holleczek
Regionales Rechenzentrum
der Universität Erlangen-Nürnberg
Martensstraße 1, D-91058 Erlangen

**Programmkomitee**

| | |
|---|---|
| A. Fleischmann | Pfaffenhofen |
| W. Gerth | Hannover |
| W. A. Halang | Hagen |
| A. M. Heinecke | Hamburg |
| K. Mangold | Konstanz |
| R. Müller | Leipzig |
| H. Rzehak | München |
| U. Schneider | Mittweida |
| G. Thiele | Bremen |
| H. Windauer | Lüneburg |

Die Deutsche Bibliothek - CIP-Einheitsaufnahme

**PEARL <17, 1996, Boppard>:**
PEARL 96 : Fachtagung der GI-Fachgruppe 4.4.2 Echtzeitprogrammierung, PEARL,
Boppard, 28./29. November 1996 / Workshop Über Realzeitsysteme. Peter
Holleczek (Hrsg.). GI. - Berlin ; Heidelberg ; New York ; Barcelona ; Budapest
; Hongkong ; London ; Mailand ; Paris ; Santa Clara ; Singapur ; Tokio :
Springer, 1996
  (Informatik aktuell)
  ISBN-13: 978-3-540-61641-2    e-ISBN-13: 978-3-642-60535-2
  DOI: 10.1007/978-3-642-60535-2

NE: Holleczek, Peter [Hrsg.]; Gesellschaft für Informatik / Fachguppe Echtzeitprogrammierung, PEARL

CR Subject Classification (1996): C.3



Satz: Reproduktionsfertige Vorlage vom Autor/Herausgeber

SPIN: 10547347        33/3142-543210 – Gedruckt auf säurefreiem Papier

# Vorwort

Manchmal kommt es noch schlimmer, als gedacht. Standen im Vorjahr bereits Befürchtungen im Raum, der Workshop PEARL'95 könnte angesichts flauer Konjunktur und allgemein rückläufiger Teilnehmerzahlen nicht mehr abgehalten werden, so sind – die öffentliche Diskussion läßt keinen unberührt – in diesem Jahr die wirtschaftliche Lage noch angespannter, die Sparmaßnahmen noch rigoroser. Ob das Sparen gerade bei der Fachdiskussion zu künftigen Entwicklungsstragien so weise ist, fragt sich sicher nicht nur die Redaktion des PEARL-Workshops. So hat denn nur das immer noch positive Ergebnis der Vorjahresveranstaltung und die Erkenntnis, daß es wohl so etwas wie einen hartnäckigen Kern an Echtzeit-Experten gibt, die Fachgruppe bewogen, sich wieder unverdrossen in das Wagnis eines Workshops zu stürzen.

Auf ihr Kerngebiet hat sich demgemäß die Fachgruppe – nach einem Ausflug in die Welt der Echtzeit-Kommunikation – mit ihrem Leitthema in diesem Jahr zurückgezogen. Eingebettete Systeme/embedded systems werden zunächst unter 'Betriebssystemaspekten' behandelt. Die Übertragung durchentwickelter Programme von einer Rechner-Architektur auf eine andere war bislang mit aufwendigen Umwegen verbunden: die vorgestellte erfolgreiche Transferassemblierung eröffnet wirtschaftlichere Wege. Die Kluft zwischen den unterschiedlichen Betriebssystemwelten, der bewährten Windows-Basis für Schnittstellen zum Benutzer und Echtzeitsystemen für Steuerungsaufgaben, ist sattsam bekannt. Ziel des industriell eingesetzten Betriebssystems RMOS ist es, eine Brücke zu schlagen. Ein Musterbeispiel für verteilte Systeme von eingebetteten Systemen begegnet uns in modernen Kraftfahrzeugen: Hier soll OSEK helfen, mit einheitlichen Schnittstellen für Betriebssystem, Kommunikationssystem und Management die Produktion zu vereinfachen.

Unter 'Anwendungen' setzt sich das Leitthema quasi fort. Weiterarbeit bei Ausfällen mit verminderter Leistungsfähigkeit heißt wirtschaftliche Fehlertoleranz. Programme hierzu lassen sich aus wohlgetesteten Moduln von speicherprogrammierbaren Steuerungen (SPS) besonders elegant erstellen. Daß eine individuelle Programmierung Vorteile gegenüber SPS-Realisierung haben kann, zeigen umgekehrt die Erfahrungen aus einem Anwendungsprojekt.

Zu einem etwas erfreulichen zweiten Schwerpunkt kommt die Tagung durch die jüngste Entscheidung des DIN, nach Auslaufen der alten PEARL-Norm mit der Standardisierung von PEARL'90 einen Neubeginn zu signalisieren. Unter 'Sprachentwicklung' werden Erfahrungen mit PEARL'90 im Rahmen der Lehre vorgestellt, die zwar durchwegs positiv sind, aber Defizite bei Studenten aufdecken, die nicht zuletzt wegen leistungsfähigen Entwicklungsumgebungen lieber programmieren statt denken. In einer Diskussion wird der Frage nachgegangen, wie es mit PEARL'90 angesichts einer gewissen Renaissance weitergehen soll.

Programmierung und Programmentwicklung stehen auch im Abschnitt 'Verfahren' im Vordergrund. Eines der Kernprobleme der Echtzeitprogrammierung ist die Frage der Vorhersagbarkeit von zeitlichen Programmabläufen. Ein Satz von Einschränkungen bzw. Erweiterungen von Programmierkonstrukten soll dafür sorgen, eine Begrenzung von Ausführungszeiten zu sichern. Für das Ziel der Sicherheit von Anlagen und optimale Prozeßführung wichtig, aber oft zu Unrecht im Hintergrund stand bisher die Bereitstellung von Betriebserfahrungen. Es wird ein Verfahren vorgestellt, das ohne unangemessenen Aufwand auskommt und die Basis für ein wissensbasiertes System zur Unterstützung liefert. Das Ziel auf einem anderen Weg verfolgt ein Ansatz, der eine Echtzeit-Expertensystem-Shell mit einem

Simulator koppelt. Eine Analyse aktueller Zustände und künftiger Entwicklungen soll helfen, Störungen frühzeitig zu erkennen und geeignete Steuerungsmaßnahmen auszuwählen.

Zum Ausklang gibt der Workshop einige 'Perspektiven' auf den Weg. Eine kritische Auseinandersetzung mit Eingebetteten Systemen bringt in Erinnerung, daß sie in der Regel einen vielstufigen Entwicklungsprozeß durchlaufen, ihrerseits aus verschiedenen Komponenten bestehen und letztlich den Nachweis der Funktionsfähigkeit schuldig bleiben und selbst für Eingeweihte eine nur unbefriedigende Bedienbarkeit an den Tag legen. Nur zum Teil beantwortbare Fragen dürften die sicher bei vielen Fachleuten vorhandene Verunsicherung nur verstärken. Große Unsicherheit gibt es auch auf dem Gebiet Patentrecht und Urheberschutz. Die weit hinter der Realität herhinkende Rechtsprechung wird beleuchtet und ihre Anwendbarkeit, insbesondere für Eingebettete Systeme, diskutiert. Zu guter Letzt soll das Augenmerk der Teilnehmer auf eine Programmiersprache, JAVA, gelegt werden, die aus der Multimediaszene stammt und im Begriff ist, andere Bereiche zu erobern. Ob sie auch für die Echtzeitprogrammierung geeignet ist oder angepaßt werden kann, wird viele Fachleute interessieren.

Gerade in Anbetracht der überbordenden Sparmaßnahmen möchte ich mich bei den Firmen Siemens, ATM und Werum für die Unterstützung dieser Veranstaltung bedanken. In eben diesem Sinne freue ich mich, daß der Springer-Verlag der Fachgruppe weiterhin die Möglichkeit einer Publikation zur Verfügung stellt.

Ich würde mich freuen, wenn sich die Mühe der Vortragenden bei der Gestaltung ihrer Beiträge positiv auf die Veranstaltung als Forum für die 'Echtzeitprogrammierung' auswirkt und die Grundlage für fruchtbare Auseinandersetzung und Dispute bietet.

P. Holleczek                                             Erlangen, September 1996

# Inhaltsverzeichnis

**Perspektiven**

# PowerPEARL auf einem transferassemblierten Echtzeitbetriebssystem zur Steuerung schneller Maschinen


W. Gerth, B. Wolter [1]



In der Automatisierungstechnik dominieren beim Vergleich RISC oder CISC heute immer noch deutlich die CISC-Prozessoren, allen voran Prozessoren der 68k-Familie [3]. Zunehmend, und dies zuallererst bei Forschungsprojekten, wachsen jedoch die Leistungsanforderungen auch in der Automatisierungstechnik auf Werte, die selbst von den leistungsfähigsten 68k-Prozessoren (68060) nicht mehr erfüllt werden können. Dieser Beitrag beschreibt einen Ansatz, der die volle Funktion und auch die Solidität erprobter 68k-Software auf die schnellsten RISC-Prozessoren übertragen kann. Naturgemäß kommt die im PC-Bereich übliche Emulation (MacOS auf dem PowerPC etc.) nicht in Frage. Das Ziel der Emulation, nämlich ein „äquivalenter" Datenfluß, wird auf andere Weise erreicht, die ganz ohne verfahrensbedingte administrative Operationen zur Laufzeit auskommt. Beim hier realisierten Verfahren analysiert ein spezieller Umsetzer einmalig vorab die in Maschinensprache beschriebenen Datenflüsse und ersetzt in einem zweiten Schritt die Maschinenbefehlssequenzen des Prozessors A durch „äquivalente" Maschinenbefehlssequenzen des Prozessors B. Beide Schritte laufen in einem Softwaretool automatisch ab und lassen nur noch wenig Raum für menschliche Fehler. Der Ansatz wurde für den Übergang 68k $\Rightarrow$ PowerPC technisch realisiert. Konkrete quantitative Ergebnisse werden angegeben. „PowerPEARL" ist dabei keinesfalls eine neuartige Programmiersprache sondern nur ein Laborarbeitstitel für das letztendlich erreichte Ziel – der Implementierung von PEARL90 auf dem Prozessor PowerPC.


# 1 Forschungsprojekt „Schnelle Maschinen"

## 1.1 Ausgangslage und Zielsetzungen

Im Rahmen einer von der DFG seit Januar 1996 geförderten Forschergruppe „Struktur und Steuerung schneller Maschinen" arbeiten 3 Institute der Uni Hannover zusammen. Neben unserem Institut für Regelungstechnik (IRT) sind dies das Institut für Mechanik (IfM) und das Institut für Fertigungstechnik und spanende Werkzeugmaschinen (IFW). Ziel der gemeinsamen Arbeiten ist die Konzeption neuer Werkzeugmaschinen, die ca. um eine Zehnerpotenz beim sogenannten „kv-Wert" besser sein sollen als heutige Maschinen. Der kv-Wert ist ein Maß sowohl für die Arbeitsgenauigkeit als auch für die Geschwindigkeit einer Werkzeugmaschine. Verbesserungen gegenüber heutiger Technik sind durch die genauere Einbeziehung der Maschinendynamik (Gestell, Lager und Antrieb) in die Führungsstrategie denkbar. Dem IRT kommt in der Forschergruppe die Aufgabe zur Bereitstellung der Hard- und Softwarekomponenten des Echtzeitdatenverarbeitungssystemes zu.

---

[1]Prof. Dr.-Ing. W. Gerth und Dipl.-Ing. B. Wolter, Inst. f. Regelungstechnik, Univ. Hannover

Schon bei den Vorüberlegungen in der Forschergruppe stellte sich heraus, daß ein wesentliches Problem bei der Datenverarbeitung liegen wird: Es werden bei komplexer Reglerarithmetik und vielen Ein-/Ausgabe-Kanälen phasenreine Abtast- und Regelzyklen mit 20 bis 25 Kilohertz Wiederholfrequenz benötigt. Im nur 40 bis 50 $\mu sec$ messenden Intervall muß noch genügend Reserve für weitere Nebenaufgaben, z.B. Sicherheitsüberwachung und Kommunikation vorhanden sein. Der gesamte Aufgabenkomplex kann nur mit einem sehr schnellen und hochgradig preemptiven Multitasking-Betriebssystem bewältigt werden.

## 1.2   Entscheidung für den PowerPC

Die Entwicklung bei den 68k-Prozessoren wird mit dem Prozessor 68060 mit 100 Mhz Taktfrequenz mit ziemlicher Sicherheit ihren Endpunkt erreichen. Dessen Leistung mag bei Abstrichen für das Projekt noch ausreichen, der Prozessortyp bietet aber keine Perspektiven für zukünftige Leistungssteigerungen. Schon vor einigen Jahren wurde darum von uns die alternative Verwendung von schnellen Signalprozessoren betrachtet. So kam zunächst der Prozessor DSP 96002 in die Diskussion. Vergleicht man jedoch die Entwicklungsgeschwindigkeit bei den Signalprozessoren mit der von modernen universellen RISC-Prozessoren, so darf man berechtigte Zweifel am langfristigen Überleben der Signalprozessoren anmelden. Tests mit einem für den DSP 96002 eigens in Maschinensprache angefertigten Echtzeitsystemkern [4] zeigten überdies die Grenzen eines solchen Konzeptes: der Prozessor hat gute arithmetische Leistungen, ist jedoch nicht besonders fix beim Interrupt- und Kontexthandling. Im Gegensatz dazu lagen sehr positive Erfahrungen mit dem RISC-Prozessor Am29k von AMD vor. Für diesen Prozessor existiert am IRT sogar ein manuell erzeugtes RTOS/UH Echtzeit-Betriebssystem nebst PEARL-Compiler. Die erzielten Leistungsdaten wurden seinerzeit z.B. in [1, 2] vorgestellt. Leider wurde dieser Prozessortyp von der Industrie kaum angenommen. Er wird von AMD inzwischen nicht mehr weiterentwickelt.

Viele industrielle Anwender rechnen dagegen fest damit, daß die Familie der Prozessoren vom Typ PowerPC in der Automatisierungstechnik das Erbe der 68k-Familie antreten wird [3]. Dies gilt ganz besonders für den Hochleistungsbereich. Es gibt heute schon Chips der Typen MPC604 und MPC603 mit Taktfrequenzen von 225 Mhz. VME-Bus Karten mit 100 und 133 Mhz Prozessortakt sind seit Ende 1995 verfügbar. Unter diesen Randbedingungen ergab sich unsere Entscheidung für diesen Prozessortyp als logische Folge.

## 1.3   Betriebssystemarchitektur

Am IRT wurde beginnend im Jahre 1977 speziell für die Regelungstechnik das Betriebssystemkonzept RTOS/UH entwickelt, welches seit etwa 1985 in einer vermutlich 5-stelligen Zahl von Kopien in der Industrie und in der Forschung eingesetzt wird. Das System und dessen Prozeßmodell wurde bereits mehrfach beschrieben. Eine Kurzdarstellung findet man auch bei der Vorstellung der ersten („manuellen") RISC-Portierung für den Am29k in [1, 2]. Neben einem präzise definierten Prozeßmodell sind 3 weitere wesentliche Eckpunkte des Konzeptes zu nennen:

- PEARL90-konformes Tasking-, Einplanungs- und Synchronisationskonzept.

- E/A-Operationen durch Dämonen mit prioritätsgeordneten Warteschlangen.

- Abbruch von Systemfunktionen, wenn diese für einen minderprioren Prozeß arbeiten und ein höherpriorer lauffähig wird.

# 2 Transfer vom 68k auf den PowerPC

## 2.1 Das 68k-Ausgangssystem

Das 68k-RTOS/UH-System sollte optimal kompakt und optimal schnell sein. Eine Kodierung in C wurde daher verworfen. Die Verwendung eines Compilers macht die Auszählung von Maschinenbefehlssequenzen – und sei es nur intuitiv – praktisch unmöglich. Bei einem echt (!) preemptiven System muß außerdem der lokale Kontext einer Systemfunktion stets genau bekannt sein. Stackoperationen sind daher sehr problematisch. Wer einmal „portable" C-Programme, z.B. die C-Quellen von TeX-Utilities mit ihrer Unmenge an Preprozessor-IFs studiert hat, weiß, daß es trotz ANSI-C mit der Portabilität von C-Programmen auf verschiedene Prozessoren nicht einmal bei eigentlich hardwareunabhängiger Software gut bestellt ist. Dazu kommt noch der nur über Unterprogrammaufrufe realisierbare Zugang zu wichtigen Elementen des Supervisorprogrammiermodelles, bei dem wertvolle Zeit vertan wird. Ein „portables Betriebssystem" ist denn auch alles andere als ein Markenzeichen für hohe Performance.

In der (antiquierten?) Welt der Maschinensprachen gibt es durchaus Vertreter, mit denen bei einfachen Algorithmen und Datenstrukturen schnell, aber trotzdem bequem und fehlerarm kodiert werden kann. Dazu gehört ohne Zweifel die 68k-Assemblersprache, die sich auf ein einfaches und homogenes Programmiermodell abstützen kann – ganz im Gegensatz zur Maschinensprache der 80x86 und Pentium-Prozessoren mit einem unkomfortablen und inhomogenen Registersatz. Für unsere Zielgruppe kam seinerzeit nur die 68k-Familie bei den Zielprozessoren in Frage. Alle Kernkomponenten des RTOS-Systemes wurden in 68k-Assemblersprache kodiert, äußere Schichten des Betriebssystemes, wie etwa die Netzwerkpakete TELNET, FTP usw. wurden dagegen wie alle Anwendungen in PEARL90 niedergeschrieben.

Das in 68k-Code formulierte Kernsystem umfaßt inklusive der Shell mit dem Shellsprachinterpreter, allen Laufzeitfunktionen sowie den wichtigsten Gerätetreibern ca. 20 MByte Assemblertext. Das sind etwa 200.000 bis 300.000 Anweisungszeilen. Auch wenn darunter viele Kommentare oder Assemblerdirektiven sind, so ist doch abzusehen, daß eine Umkodierung in den Maschinenkode eines RISC-Prozessors selbst bei einer illusorischen Tagesleistung von 500 Anweisungen immer noch 600 Arbeitstage und damit sehr viele Mannjahre verschlingen würde – von der nicht geringen Zahl dabei möglicher Fehler und der damit verbundenen Suche ganz abgesehen.

## 2.2 Transferstrategie

Gesucht wird also ein Automatismus, der mit der Präzision einer Maschine den Daten-
und Programmfluß der vorliegenden 68k-Quellfiles extrahiert und für den neuen Zielprozessor Maschinenbefehlssequenzen generiert, die dort eine „äquivalente" Wirkung
auslösen. Was als „äquivalent" gilt, muß vorab exakt definiert werden.

Die Idee ist im Grundsatz natürlich nicht neu, doch ist unseres Wissens die konkrete
Umsetzung für ein komplettes Echtzeitbetriebssystem nirgends beschrieben. Wir fanden
folglich auch keinen eingeführten Namen für diesen auf ein Äquivalenzmodell gestütz-
ten Umsetzvorgang. Uns schien die Bezeichnung „Transferassemblierung" passend, obwohl es sich streng genommen meist um eine Kompilation handeln wird; schließlich
kann durchaus aus einer einzigen Anweisung ein ganzes Bündel von Maschinenbefeh-
len entstehen. Das Softwaretool, mit dem diese Umsetzung bewerkstelligt wird, erhielt
logischerweise den Namen „Transferassembler". Aus der ursprünglichen 68k-Assemb-
lersprache wurde nun eine Systemportierungssprache, der wir den Namen „T-Code"
gaben. Leider kann nicht jedes beliebige alte 68k-Assemblerprogramm legaler T-Code
sein. Manchmal sind kleinere Korrekturen an 68k-Quelltexten nötig, damit sie zu „le-
galem T-Code" werden. Daneben gibt es noch den „optimierten T-Code", man erhält
ihn durch Ergänzung von zusätzlichen Informationen, die eine höhere Effizienz der Umsetzung ermöglichen.

Zur Zeit existieren für den T-Code 2 Transferassembler, die in VCP-Code (s.u.) portabel
kodiert wurden:

- Für den Zielprozessor 68k. Dieser Transferassembler ist durch geringe Modifika-
  tion aus dem 68k-Assembler hervorgegangen. Im Gegensatz zu diesem verarbeitet
  er auch „optimierten T-Code".

- Für den Zielprozessor MPC603/604. Dies ist die eigentliche Realisierung des Konzeptes, die in Form einer Diplomarbeit [5] entstand.

## 2.3 Das Äquivalenzmodell

Zunächst sei eine grundsätzliche Überlegung in Erinnerung gerufen: wichtig an einem
Programm ist nur der Datenfluß, der im Speicher bzw. extern auf dem Bus zu beobachten ist - wie der Prozessor das gewünschte Verhalten intern realisiert, ist für die
Außenwelt unwichtig. Es ist ja kein Wert an sich, wenn ein Befehl auf der Originalma-
schine ein Bitmuster in ein bestimmtes Register schreibt. Es kommt vielmehr darauf
an, daß der gewünschte Inhalt dieses Registers nach Abarbeitung des Befehls an einer
Stelle zur Verfügung steht, an welcher darauf folgende Instruktionen den Inhalt finden
und darauf zugreifen können. Vor diesem Hintergrund kann man für jedes Element
des Programmiermodells des Quellkodeprozessors eine Stelle auf der Zielmaschine für
das jeweilige Abbild definieren. Hat der Zielkodeprozessor weniger Register, so muß
man zwangsläufig bestimmte Speicherzellen als Äquivalent einiger Register definieren.
Wichtig ist, daß der Transferassembler insgesamt einen Kode erzeugt, der einem wi-
derspruchsfreien Äquivalenzmodell exakt entspricht. Zu beachten ist, daß viele Befehle
nicht nur ihr direktes Zielregister verändern, sondern gleichzeitig einige Nebeneffekte

verursachen. Beim 68k betrifft dies vor allem das Condition Code Register (CCR), dessen einzelne Bits u.a. angeben, ob das gerade berechnete Ergebnis negativ ist oder ob ein Überlauf stattgefunden hat.

Das Äquivalenzmodell sollte natürlich so festgelegt werden, daß die Nachbildung der Befehle mit so wenig Aufwand wie möglich zu erreichen ist. Beide Prozessortypen arbeiten mit 32-Bit Registern. Der 68k kann diese auch als 8- und 16-Bit Register mit eigenen Befehlen benutzen, unterscheidet dabei aber zwischen 8 Daten- und 8 Adressregistern. Beim PowerPC gibt es außer beim Load und beim Store keine 8- oder 16-Bit Operationen. Dafür besitzt er 32 Register, die bis auf geringe Ausnahmen einen homogenen Satz darstellen. Folgende Registeräquivalenz bietet sich an:

| Programmiermodell 68000 | Programmiermodell PowerPC | Funktion |
|---|---|---|
| D0 (8,16,32 Bit) | r0 (32 Bit) | Datenregister |
| .... | .... | Datenregister |
| D7 (8,16,32 Bit) | r7 (32 Bit) | Datenregister |
| A0 (16,32 Bit) | r8 (32 Bit) | Adreßregister |
| .... | .... | Adreßregister |
| A7 (16,32 Bit) | r15 (32 Bit) | Adreßregister |

Vom User-Programmiermodell des 68k fehlen nun nur noch die fünf benutzten Bits des CCR-Registers. Der PowerPC verfügt mit dem 32-Bit CR-Register über ein nur im Groben ähnliches Pendant. Dennoch bietet sich auch hier ein Ansatz zur Äquivalenz. Die einzelnen Bits des CCR müssen allerdings zugeschnitten auf die speziellen Gegebenheiten des PowerPC-Befehlssatzes ungleichmäßig über dessen CR verteilt werden. Der Inhalt der 16 überzähligen PowerPC-Register spielt für die Umsetzung zunächst keine Rolle. Einige davon werden als Hilfsregister benötigt, mit denen die komplexen internen Adreßrechnungen des 68k und Speicheroperationen durchgeführt werden.

Betriebssystemaufrufe (durch softwaregetriggerte Interrupts) werden ebenfalls durch ein Äquivalenzmodell beschrieben und übersetzt. Keine Äquivalenz und damit keine automatische Übersetzung gibt es dagegen für Spezialoperationen im Supervisorprogrammiermodell (s.u.).


## 2.4   Der Transferassembler

In der 68k-Assemblersprache kann man durch Wissen über die Länge einzelner Maschinenbefehle Sprungziele und Speicheradressen statt durch ein eigenes Symbol durch eine relative Distanz angeben, etwa „BRA $+24". Soweit Adressen im Kodebereich davon betroffen sind, ist dies kein legaler T-Code, da die Länge und Anzahl benötigter Maschinenbefehle bei unterschiedlichen Zielprozessoren natürlich differiert. Solche Konstrukte müssen vom Transferassembler moniert werden, damit sie erkannt und durch korrekten (besseren) Programmtext ersetzt werden. Man muß leider hinnehmen, daß man trotzdem mutwillig 68k-Programme mit versteckt eingearbeiteter Befehlslänge erzeugen kann, die der Transferassembler nicht erkennen kann und wahrscheinlich falsch übersetzt.

Auf Basis des Äquivalenzmodelles läßt sich nun wie gewünscht für jeden 68k-Befehl eine Sequenz von PowerPC-Befehlen angeben, die in allen Teilen des nachgebildeten Programmiermodells und im Speicher die gleichen Werte hinterläßt wie der Originalbefehl auf dem 68k. Die Umsetzung erfolgt im wesentlichen Befehl für Befehl. Da die meisten Instruktionen für ihre Übersetzung mehrere Befehle benötigen, erhöht sich die Anzahl Maschinenbefehle. Dieser Effekt liegt am Konzept der RISC-Architektur und wird später noch bewertet. Um einen CISC-Befehl umzusetzen, der eine Speicherzelle verändert, sind in der RISC-Welt mindestens ein Lade-, ein Operations- und ein Speicherbefehl zu erzeugen. Hinzu kommt, daß bei den normalen Registeroperationen stets alle 32 Bits des Zielregisters verändert werden. Um 68k-Befehle nachzubilden, die nur das rechte Wort oder Byte eines Zielregisters verändern, ist zusätzlicher Aufwand nötig. Ein Beispiel, das diese typischen Probleme aufzeigt, stellt das folgende Umsetzergebnis dar:

| Befehl 68000 | Befehl PowerPC | PowerPC Operation |
|---|---|---|
| ADD.W    (A1),D0 | lhax     r31,0,r9 | load halfword algebraic indexed |
| | add      r29,r31,r0 | r0+r31 $\rightarrow$ r29 (32 Bit) |
| | rlwimi   r0,r29,0,16,31 | r29 (bits 16...31) $\rightarrow$ r0 |

Der Prozessor soll dabei das 16-Bit Datum von der Speicherstelle, deren Adresse im Adreßregister A1 angegeben ist, auf das Register D0 addieren und dabei nur die rechten 16 Bits von D0 verändern. Der Transferassembler erzeugt hier einen Kode, der wie gezeigt aus 3 Befehlen besteht. Der erste Befehl „lhax r31,0,r9" dient dazu, das 16-Bit Speicherdatum von der durch r9 (dies entspricht A1) festgelegten Stelle in das Hilfsregister r31 zu übertragen. Gleichzeitig findet in r31 eine Vorzeichenerweiterung auf 32 Bit statt. Der zweite Befehl „add r29,r31,r0" führt die Addition aus, wobei er das Ergebnis in dem Hilfsregister r29 ablegt. Es ist zu beachten, daß die Ausführung dieses Befehls alle 32 Bits des Zielregisters neu belegt, also ggf. auch einen Überlauf in das linke Wort berücksichtigt. Dies ist der Grund dafür, daß das Ergebnis nicht direkt nach r0 geschrieben werden darf. Die Übertragung nach r0 übernimmt der Befehl „rlwimi r0,r29,0,16,31". Eigentlich handelt es sich dabei um einen Rotierbefehl mit einer „Mask Insert"-Funktion. Mit der gewählten Parametrierung ist die Rotationsweite 0 und es findet nur die gewünschte Übertragung der hinteren 16 Bits von r29 nach r0 statt, ohne dabei die ersten 16 Bits von r0 zu verändern. Offensichtlich ist es gelungen, den Inhalt von Register r0 nach Abschluß der PowerPC-Sequenz auf den gleichen Wert wie D0 nach Ausführung des 68k-Befehls zu bringen.

Wer die Befehlssätze beider Prozessoren kennt, wird bemerken, daß bei der hier angegebenen Übersetzung das Update des Condition Code Registers fehlt, das die meisten Instruktionen des 68k implizit miterzeugen. Um das entsprechende Update auf dem PowerPC zu erreichen, kommt man um zusätzliche Befehle nicht herum. Wenn man bei jedem übersetzten Befehl ein komplettes CCR-Update hinzufügt, so wird das Übersetzungsergebnis jedoch tatsächlich sehr lang und damit uneffektiv. Betrachtet man auf der anderen Seite den Ablauf eines 68k-Programmes, so zeigt sich, daß in sehr vielen Fällen gar keine Auswertung der CCR-Bits erfolgt, bevor diese durch eine folgende Instruktion völlig neu gesetzt werden. Um diesen Sachverhalt auszunutzen, ist im Transferassembler ein „Instruction look ahead" vorgesehen. Vor Erzeugung der PowerPC-Sequenz läßt sich damit feststellen, ob der folgende 68k-Befehl das CCR gleich wieder überschreibt, oder ob das Setzen der Bits an dieser Stelle für den weiteren Programmablauf erforderlich ist. Für jeden CCR-verändernden Befehl sind daher zwei Versionen vorgesehen: eine längere, die das Update ausführt und eine kürzere, die auf das Update verzichtet. Der Transferassembler wählt die jeweils passende Version aus. Der generierte Kode verkürzte sich durch diese Maßnahme um ca. 25 Prozent. Leider kann der Transferassembler nicht feststellen, ob bei Sprüngen am Zielort das 68k-CCR ausgewertet wird oder nicht. An dieser Stelle unterscheidet sich „legaler T-Code" vom „optimierten T-Code": Wird dem Befehlsmnemo das Zeichen „_" vorangestellt, so unterläßt der Transferassembler bedingungslos das CCR-Update. Gerade bei Programmen mit vielen kleinen Modulen erhöht diese Maßnahme Effizienz und Selbstdokumentation deutlich. Der 68k-Transferassembler ignoriert diese Markierung, da der 68k-Prozessor das CCR-Update nicht unterdrücken kann.

Bis auf die beiden in der RTOS-Welt nicht benutzten BCD-Arithmetikbefehle ABCD und SBCD übersetzt der Transferassembler alle Userlevel-Befehle des 68000, sogar den TAS für einen unteilbaren Buszyklus. Befehle, die nur im Supervisorlevel zugänglich sind, hängen so dicht mit der Architektur des einzelnen Rechners zusammen, daß eine automatische Übersetzung fast immer sinnlos oder sogar unmöglich ist. Solche Stellen werden im T-Code entweder durch einen prozessorspezifisch geladenen Makro (z.B. IR_OFF) realisiert, können aber auch durch selektive Ansprache eines bestimmten Transferassemblers in Zielmaschinensprache "native" kodiert werden. Jeder Transferassembler enthält dazu einen vollwertigen Zielprozessor-Assembler, mit dem man beliebig komlexe Supervisor-Aktionen auf den Zielprozessor optimal zuschneidern kann, ohne daß dieser Text andere Prozessoren tangiert. Im innersten Kern des RTOS-Systems, beim Prozeßumschalter, wurde diese Option ausnahmsweise auch benutzt, um automatisch den jeweils schnellstmöglichen Kode zu erzeugen. Dennoch gibt es auch für den RTOS-Nukleus nur einen gemeinsamen T-Code Quellfile für beide Prozessortypen.


# 3 Quantitative Ergebnisse des Transfers


## 3.1 Zahl der Maschinenbefehle


Eine der interessantesten Fragen ist sicherlich die nach der Effizienz der Transferstrategie. Dazu muß man zunächst betrachten, wie ein erfahrener Assemblerprogrammierer frei von den Beschränkungen, die das Äquivalenzmodell neu einbringt, eine gegebene Testaufgabe auf beiden Maschinen löst. Hier wurde mit einigen herausgegriffenen Teilproblemen außerhalb der Beschränkungen des Äquivalenzmodelles experimentiert. Das dabei ermittelte Zahlenverhältnis

$$Q_{\mathrm{opt}} = \frac{\text{Anzahl PowerPC-Befehle}}{\text{Anzahl 68k-Befehle}} = 1.9$$

kann als quasioptimaler Vergleichswert für das Transferverfahren dienen. Wir definieren die Effizienz $E$ wie folgt

$$E_{\mathrm{xy}} = \frac{Q_{\mathrm{opt}}}{Q_{\mathrm{xy}}} * 100\% = \frac{190}{Q_{\mathrm{xy}}} \ \%$$

Die Effizienz dieser Definition ist zwar auf den Bereich zwischen 0 und 100 % skaliert, kann in Einzelfällen aber durchaus oberhalb von 100% liegen. Ab einer Programmgröße von mehreren hundert Anweisungen streut der Wert kaum noch. Beim Am29k wurde als optimaler Q-Wert etwa 1.6 ermittelt [1, 2]. Das liegt an der riesigen Zahl von Universalregistern (192) des Am29k, mit denen sich die Zahl der Speicheroperationen reduzieren ließ. Vermutlich liegt der Wert bei allen modernen RISC-Prozessoren mit 32 Registern irgendwo um 2 oder knapp darunter. Wir unterscheiden drei Fälle:

- Ein 68k-Assemblerprogramm wird nur in legalen T-Code umgeändert. Bei größeren Programmen (Disc-Filesystem etc.) wurde folgender Mittelwert festgestellt:

$$Q_{\text{T-legal}} = 3.3 \; ; \qquad E = 57\%$$

  Werte zwischen 2.7 und 3.5 wurden dabei für Q beobachtet.

- Ein „optimiertes T-Code-Programm" entsteht wie beschrieben aus einem 68k-Assemblerprogramm durch Markieren unnötiger Statusregisterupdates, deren Unnötigkeit der Transferassembler allein nicht zweifelsfrei erkennen kann. Mit dieser kleinen Nacharbeit nähert man sich mit

$$Q_{\text{T-opti}} = 2.5 \; ; \qquad E = 76\%$$

  schon einer fast vollständigen Ausnutzung des Prozessors.

- Der Kodegenerator des Compilers arbeitet zwar mit dem Äquivalenzmodell, hat aber mehr Freiheiten und mehr Nebeninformationen als der Transferassembler. Auch das Hantieren mit dem Statusregister ist im Compiler unproblematischer:

$$Q_{\text{PEARL}} = 2.0 \; ; \qquad E = 95\%$$

  Dieser hohe Wert für $E$ besagt natürlich nichts über die absolute Qualität des PEARL90-Compilers, sondern beziffert nur den Vergleich zu seinem 68k-Bruder.

Obige Befehls-Effizienz $E$ bewertet nur indirekt die Effizienz der Ablaufgeschwindigkeit. Man bedenke, daß die Umsetzung zwar die Zahl der Befehle, nicht aber die Zahl der Datenspeicheroperationen erhöht. Die Geschwindigkeitseffizienz wird daher im Mittel noch einmal deutlich günstiger liegen als die oben angegebenen Werte. Trotz aller Vorsicht bei der Interpretation dieser Maßzahlen ergibt sich ein vorher nicht für möglich gehaltenes überaus positives Gesamtergebnis. Wenn man in die Bewertung einbezieht, daß die Methode, richtig implementiert, fehlerfreie 68k-Programme in fehlerfreie PowerPC-Programme umwandelt, so müssen die geringen Verluste als absolut vernachlässigbar angesehen werden.

## 3.2  Echtzeitreaktivität im Vergleich

Eine PEARL90-Task vom Typ RESIDENT soll auf einen aus einem externen Signalgenerator stammenden Interruptimpuls hin aktiviert werden. Diese „Antworttask" sendet einen digitalen Impuls an die Außenwelt. Mit einem Oszillografen kann unbestechlich die tatsächliche „Reaktionszeit" gemessen werden. Auch die höchste Interruptfolgegrenzfrequenz ist leicht zu ermitteln. Experimentiert wurde mit der PEARL90-Anweisung

**WHEN IRxyz ACTIVATE Antworttask;**

Die verfügbare digitale Ausgabe über einen auf dem ISA-Bus liegenden langsamen Standard PC-Baustein des Boards verursacht selbst schon eine signifikante, aber unklare Verzögerung des Prozessors. Tests mit einer engen Programmschleife zeigten, daß der MPC604 bei jeder Ansprache des Bausteins eine Unmenge von Waitstates zu erleiden hat. Die unten angebenen Werte beschreiben das PowerPC System inklusive aller Hardware-Unzulänglichkeiten des vorliegenden Boards.

| 68030/25Mhz | 68040/25Mhz | DSP96002/33Mhz | MPC604/100Mhz |
|:---:|:---:|:---:|:---:|
| 50 $\mu$sec | 33 $\mu$sec | 25 $\mu$sec | 7 $\mu$sec |

Die maximale Interruptfolgegrenzfrequenz beschreibt, bis zu welcher Frequenzgrenze das System eine kurze PEARL90-Task ohne Verlust einer Aktivierung korrekt aktivieren kann. Sie wurde gemessen zu

$$f_{grenz} > 140kHz$$

Zunächst mag dieser Wert in Bezug auf die 7 $\mu sec$ Reaktionszeit verblüffen. Man muß dazu wissen, daß der RTOS-Kern automatisch bei Bedarf unnütze Kontextswitche unterläßt, wenn beim Aufsetzen einer minderprioren Task erneut eine Startaufforderung für eine höher priore erfolgt. Außerdem ist, wie erwähnt, die Reaktionszeit durch den Ausgabebaustein nach oben verfälscht. Im Vergleich dazu ist der DSP96002 (33Mhz, no wait) mit 33 kHz hier deutlich unterlegen [4].

Die dichteste zeitliche Folge, in der 2 Interrupts kommen dürfen ohne vom System zu einem verschmolzen zu werden, läßt sich in eine fiktive Frequenz umrechnen: die „Auflösungsgrenzfrequenz". Auch deren Messung wurde durch die zu niedrige Bandbreite des benutzten Interrupteinganges vorzeitig durch die Hardware begrenzt. Sie liegt vermutlich noch deutlich höher als der gesichert gemessene Wert:

$$f_{resolution} > 250kHz$$

Hier liegt der DSP96002 mit 90 kHz noch relativ gut, weil die Verluste beim Kontexthandling bei dieser Messung nicht zu Buche schlagen.

Die Reaktivitätswerte dieser PowerPEARL-Implementierung übertreffen um mehr als den Faktor 2 die (zur Zeit nur ungenau verfügbaren) Werte eines 50Mhz 68060-Systemes und sind die mit Abstand günstigten, die wir jemals gemessen haben.


## 3.3  Kompilationszeiten im Vergleich

Der PEARL90-Compiler ist im Maschinenkode einer fiktiven VCP-Maschine (virtual code processor) kodiert und wird sowohl in der „einheimischen" RTOS- als auch in der Cross-Version mit **exakt gleichem binären virtuellen Kode** benutzt. Dadurch ergibt sich eine sehr gerechte Vergleichsmöglichkeit quer über alle möglichen Systeme. Der VCP-Emulator existiert als 68k-Maschinenprogramm (für RTOS), als x86-Maschinenprogramm (für DOS und Windows) sowie als C-Programm (für UNIX, MacOS etc.). Letzteres wurde mit allen Tricks (Kompaktmodell und einer Unmenge von Preprozessor-#if..!) wesentlich weiter ausoptimiert als es die Maschinenprogramme sind. Diese ließen sich mit ähnlichen konstruktiven Maßnahmen noch schneller machen. So kommen die besten C-Compiler (z.B. MS-C 6.0) auf fast 60 % der Leistung der Assemblerversionen.

Die 68k-Assemblervariante des Emulators konnte nach minimalen Eingriffen in optimierten T-Code überführt werden. Interessant ist, wie sich der so erhaltene transferassemblierte VCP-Emulator nun im Vergleich schlägt.

Die Aufgabe war stets exakt gleich: Ein 4000-zeiliges PEARL90-Programm (wissensch. Anwenderprogramm mit Matrizenoperationen etc.) wurde komplett bis zum binären Ladefile übersetzt. Gemessen wurde die verbrauchte Prozessorzeit für den VCP-Emulator im single-user-Betrieb.

Für den 68k gibt es einen „VCP-Compiler", der VCP-Quellkode in Maschinenbefehle übersetzt. Damit können auf diesen Prozessoren VCP-Programme ohne Emulation native coded ablaufen. Leistungswerte für den so erzeugten, völlig funktionsidentischen 'Quick-Compiler' sind in den ersten Zeilen außer Konkurrenz eingetragen.

Geordnet wurde die Tabelle anhand einer fiktiven auf 100 Mhz Prozessorclock hochgerechneten Zeitmaßzahl, die mit S100 = Zeit*(Prozessorclock/100) bestimmt ist. Auch wenn diese Bemaßung etwas fragwürdig ist, so können doch in etwa strukturelle (statt technologischer) Eigenschaften verglichen werden.

| Prozessor | Mhz | System | Spr | Sek. | S100 | Rang |
|---|---|---|---|---|---|---|
| 68060(CB) | 50 | RTOS MVME177 | Nat | 5 | **2.5** | - |
| 68040(CB) | 25 | RTOS MVME165 | Nat | 11 | **2.7** | - |
| MPC604 (NLC) | 100 | RTOS MVME16.. | T-As | 5 | **5.0** | 1 |
| 68060 | 50 | RTOS MVME177 | As | 11 | **5.3** | 2 |
| 68040(CB) | 25 | RTOS MVME165 | As | 22 | **5.5** | 3 |
| 68LC40(CB) | 33 | RTOS Performa630 | As | 18 | **6.0** | 4 |
| Am29k | 25 | RTOS AMD-Evalkit | As | 24 | **6.0** | 4 |
| Pentium-S | 75 | MS-DOS | As | 9 | **6.7** | 5 |
| 80486 | 33 | MS-DOS | As | 22 | **7.3** | 6 |
| PA 7200 | 100 | HP-UX + HP-C J200 | C | 8.6 | **8.6** | 7 |
| 80386 | 25 | MS-DOS | As | 45 | **11.3** | - |
| 80286 | 8 | MS-DOS | As | 220 | **16.0** | - |
| 68000 | 8 | RTOS Atari ST | As | 280 | **22.4** | - |
| 80286 | 8 | MS-DOS+MS-C 6.0 | C | 306 | **24.5** | - |
| DEC VAX II GPX | 25 | VMS + DEC-C | C | 680 | **170.0** | - |

(CB) steht für 'Copy back-mode', (NLC) für 'No Level-2 cache'

Die ermittelten Werte geben Raum für Spekulationen: Sollte der PowerPC selbst ohne Second Level Cache erheblich leistungsfähiger sein als die PA-RISC Workstation J200? Oder ist der C-Compiler von HP besonders ineffizient? Die sonstigen guten Erfahrungen mit der Workstation sprechen gegen beide Vermutungen. Viel wahrscheinlicher ist, daß das Konzept des T-Codes einfach deutlich bessere Portierungswerte ergibt, als sie mit C jemals erreicht werden können.

# 4 Zusammenfassung und Ausblick

Die „äquivalenzmodellgestützte Transferassemblierung" wurde aus der Not geboren. In kürzester Zeit konnte das ursprünglich in normaler 68k-Maschinensprache formulierte Programmiersystem RTOS/PEARL auf T-Code umgestellt und damit auf einen modernen RISC-Prozessor portiert werden. Je nach aufgerufenem Transferassembler entsteht aus diesem Quellfile-Paket entweder das 68k-RTOS oder das PowerPC-RTOS. Bis auf die Laufgeschwindigkeiten verhalten sich beide Systeme völlig gleich. Dem normalen Anwender stehen mit den bezüglich der Eingangssprachen jeweils exakt identischen PEARL90-Compilern und Transferassemblern mächtige Werkzeuge zur Verfügung. Damit können nicht nur PEARL90- sondern auch Assemblerprogramme ohne Änderungen auf verschiedenen Prozessoren eingesetzt werden.

Alle bisher gemessenen Leistungsdaten weisen hervorragende Werte auf. Für die Arbeiten unserer Forschergruppe drängt sich nun ein ganz anderes, vorher unterschätztes Problem in den Vordergrund: Die Kommunikation des extrem schnellen Prozessorkernes mit der Außenwelt über geeignete Wandler ist bisher nicht zufriedenstellend gelöst.

Man beobachtet, daß es vielen Systemanbietern offenbar schwerfällt, ihre in C kodierten Betriebssysteme auf den PowerPC zu übertragen. Wahrscheinlich ist der T-Code nicht nur bei der Effizienz sondern auch bei der Handhabung dem üblichen C-Konzept überlegen.

Die Portierung von T-Code auf einen weiteren neuen Zielprozessor beschränkt sich in Zukunft auf die Definition eines Äquivalenzmodelles und Kodierung eines Kodegenerators für eine neue Transferassemblerversion. Von den verbreiteten Prozessoren sind die x86 und Pentium-Prozessoren für diese Aufgabe die härteste Nuß. Hier bereitet die veraltete inhomogene Registerstruktur mit einer sehr geringen Zahl von Registern und die inverse Endian-Vereinbarung der Intel-Welt besonders wenig Freude.

# Literatur

[1] Gerth, W.: Konzept und vergleichende Leistungsdaten eines hochreaktiven PEARL-orientierten RISC-Echtzeitbetriebssystemes. 1994, in Rzehak H. (Hrsg) Echtzeitsysteme und Fuzzy Control, Vieweg (ISBN 3-528-05432-8)

[2] Gerth, W. und Gottfriedsen, J: RISC contra CISC – Beobachtungen bei der Portierung .... 1991, Informatik Fachberichte 295, Springer Verlag

[3] Chocholek, R.: Die Qual der Wahl: 68k, SPARC, PowerPC oder...? 1996, Kongreßband Echtzeit '96 (ISBN 3-7723-2502-5)

[4] Spengler, T.: Echtzeitbetriebssystemkern für einen schnellen digitalen Signalprozessor. 1994, Diplomarbeit Institut für Regelungstechnik Universität Hannover (nicht veröffentlicht).

[5] Wolter, B.: Rechnergestützte Portierung eines Echtzeitbetriebssystemes auf die Prozessorfamilie PowerPC. 1995, Diplomarbeit Institut für Regelungstechnik Universität Hannover (nicht veröffentlicht).

# Betriebssystem-Voraussetzungen für die Integration von Prozeßführungs-, SPS- und B&B- Aufgaben in Einprozessor-Applikationen

M. Wrobel
Siemens AG
AUT V76
90713 Fürth

## 1    Einleitung

Der PC hat sich ohne Frage zu einem Allgemeingut des täglichen (Berufs-) Lebens entwickelt. PC-kompatible Rechner-Architekturen sind heutzutage aber auch im Bereich der Produktions-automatisierung bis in die Prozeß-Steuerungsebene eingedrungen (Bild 1).

Bild 1     PC-Architekturen in der Prozeß-Führungsebene und der Steuerung, Regelung vor Ort

Die Hauptursache für diesen Erfolg ist der günstige Preis, die Standard Hardware-Architektur und vor allen Dingen die breite Akzeptanz von MS-Windows (im folgenden mit **Windows** bezeichnet), das dem Anwender nicht nur eine standardisierte graphische Programmier- und Bedien- Oberfläche bietet, sondern auch eine Unmenge preiswerter Hardware/Software- Lösungen für Netzwerk- und Multimedia-Applikationen erschließt.

Dem Einsatz von Windows in der Prozeß-Steuerungsebene stehen allerdings zwei starke Argumente im Weg.

- Das Ziel der CPU-Zuteilungs-Strategie (Multitasking-Scheduling) ist eine möglichst **"gerechte"** Rechenzeit-Verteilung zwischen mehreren Programmen oder Benutzern.
  In der Prozeßumgebung kommt es aber vielmehr darauf an, Rechenzeit möglichst **"ungerecht"** zu verteilen, um unter allen Umständen deterministische Reaktionszeiten sicherzustellen. Programme, die auf kritische Prozeßereignisse reagieren, müssen die CPU so lange behalten können, bis der Prozeß in einen sicheren Zustand überführt ist.

- Die mangelnde Echtzeitfähigkeit (schlechte Interrupt-Latenzzeit mit großer Streuung) erlaubt der Steuerungs-Software nicht, zu jedem Zeitpunkt mit der Ablaufgeschwindigkeit des Prozesses Schritt zu halten. Die zwangsläufige Folge sind Produktionsstörungen und kostspielige Produktionsausfälle.

Beide Bedingungen werden hervorragend von Echtzeit-Betriebssystemen (im folgenden mit **RMOS** "**R**ealtime **M**ultitasking **O**perating **S**ystem" bezeichnet) eingehalten. Leider bieten diese aber nicht die zuvor aufgeführten Vorteile eines Standard-Betriebssystems.

**Herkömmliches Automatisierungskonzept**

Aus diesem Grunde werden häufig zwei oder mehr komplette, selbständige Systeme für die Prozeßführungs- bzw. Steuerungs- Aufgaben eingesetzt (Bild 2).

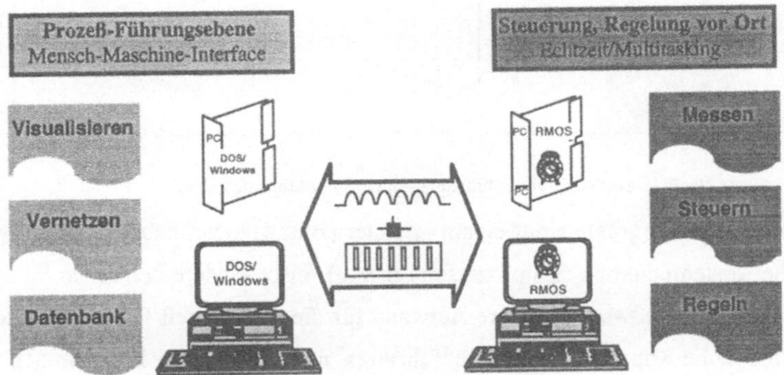


Bild 2     Herkömmliches Automatisierungskonzept mit Mehrprozessor-Lösung

Dieser kostenintensive Lösungsansatz hat u.a. folgende Nachteile:

- Erhöhter Implementierungsaufwand für die Interprozeß-Kommunikation über Feldbus, Ethernet oder den Systembus.
- Wesentlich höhere Laufzeiten der Interprozeß-Kommunikation im Vergleich zu einer Einprozessor-Lösung.
- Höhere Ausfallwahrscheinlichkeit des Gesamtsystems.

**Zukünftiges Automatisierungskonzept**

Eine Alternative, die diese Nachteile umgeht und die Schwächen der einzelnen beteiligten Betriebssysteme durch die Stärken des jeweils anderen kompensiert, zeigt Bild 3.

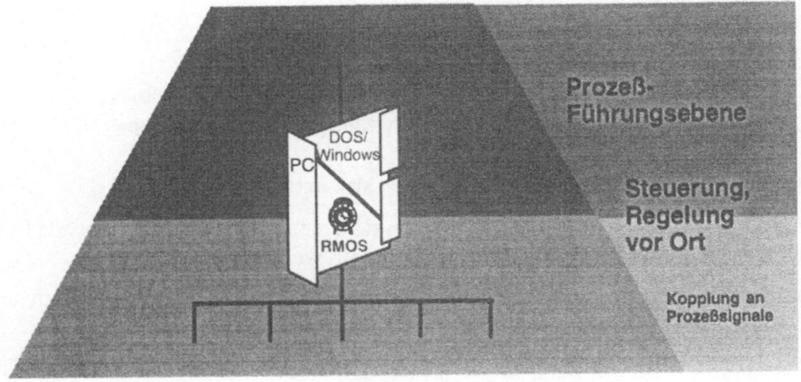


Bild 3     Zukünftiges Automatisierungskonzept mit Einprozessor-Lösung

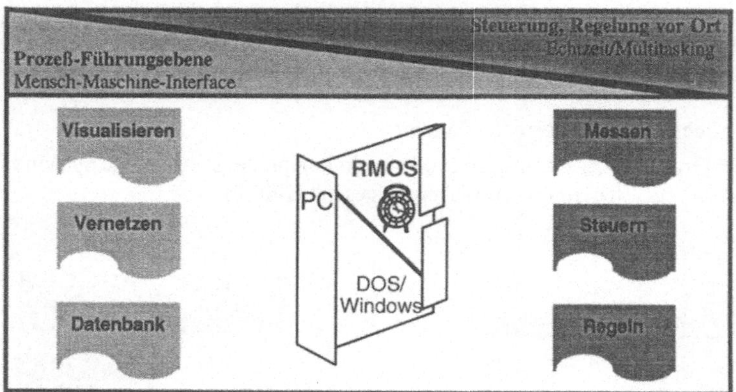

Bild 4    Homogene Realisierung von Prozeßführungs- bzw. Steuerungsaufgaben

Die Integration **aller** Programme auf einem Rechner (Bild 4) bietet dabei folgende Vorteile:

- Erhebliche Kostenreduktion (Einprozessor-Lösung), insbesondere bei hohen Stückzahlen.

- Kein zusätzlicher Hardware/Software-Aufwand für die Interprozeß-Kommunikation.

- Schnellstmögliche Kopplung von Prozeßführungs- und Steuerungs- Programmen über gemeinsame Speicherbereiche.

- Geringere Ausfallwahrscheinlichkeit des Gesamtsystems.

Welche Voraussetzungen muß nun das Gesamtsystem erfüllen, um Prozeßführungs-, SPS- und Bedienen&Beobachten(B&B)- Aufgaben auf **einer** CPU zu integrieren (Bild 5).

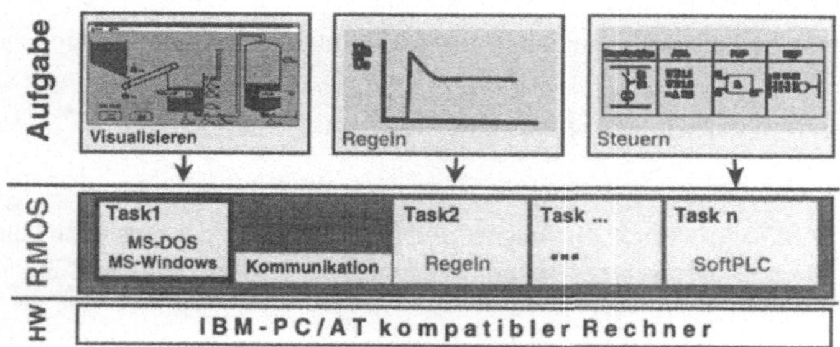


Bild 5    Allgemeine Aufgabenstellungen einer PC-kompatiblen Maschinensteuerung

⇒ Um den Automatisierungsprozeß jederzeit in einem sicheren Zustand zu halten muß die PC-Hardware unter die **totale Kontrolle** des RMOS gestellt werden.

⇒ Alle "prozeßnahen" Aufgaben, die harten Echtzeit- bzw. Deterministik- Anforderungen unterliegen, werden in Hochsprache in der RMOS-Umgebung implementiert.

⇒ Alle "prozeßfernen" Aufgaben (Visualisierung, Datenhaltung, Kommunikation zur Produktions-Leitebene, ...) werden Standard Windows-Programmen überlassen, die unter der Kontrolle des RMOS als eine Task laufen.

⇒ Zur einfachen Programmierung, Einstellung und Wartung des Systems müssen Steuerungs-aufgaben in einer von außen zugänglichen "**STEP5**"-Programmier- **und** Test-Schnittstelle (SoftPLC) realisiert werden können.

Der Vortrag geht detailliert auf die konkreten, technischen Anforderungen ein, die an das Echt-zeit-Betriebssystem gestellt werden, um eine industrietaugliche Lösung zu bieten.

Abschließend wird an Hand eines praktischen Produkt-Beispiels das "**heutig Machbare**" gezeigt.

## 2 Preemptives Multitasking

Wie muß die CPU-Zuteilungs-Strategie (Multitasking-Mechanismus) realisiert sein, um ein preemptives **und** deterministisches Scheduling für die "prozeßnahen" Aufgaben sicherzustellen?

Bild 6 zeigt in einer vereinfachten Darstellung, daß die gesamte DOS-Umgebung und die dort gestartete(n) Windows-Applikation(en) als eine Task (mit der niedrigsten Priorität) unter dem RMOS laufen sollten.

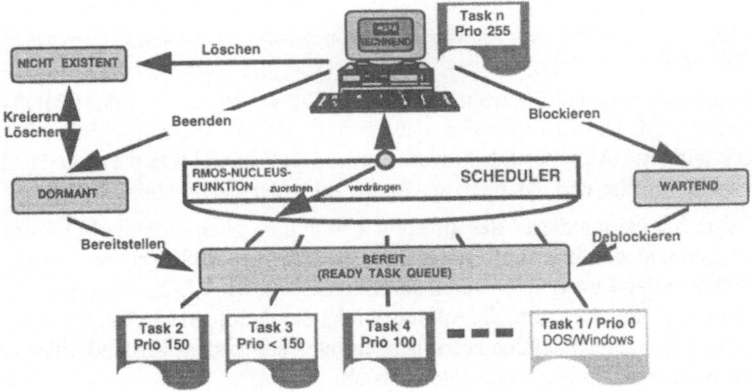


Bild 6     Multitasking-Prinzip einer PC-kompatiblen Maschinensteuerung

Der Scheduler teilt immer der Task, die bereit zum Rechnen ist und die höchste Priorität aller bereiten Tasks besitzt, die CPU zu.

Die z. Zt. aktive Task kann jederzeit vorzeitig (preemptiv) durch eine gerade bereit gewordene Task höherer Priorität, durch Peripherie-Interrupts oder durch Gerätetreiber-Programme in ihrer Ausführung unterbrochen werden.

Die Vereinigung der Scheduling-Verfahren von Windows und RMOS hat damit folgende Konsequenz.

+ Alle zeitkritischen Aufgaben, die deterministische Reaktionszeiten erfordern (Steuerung, Regelung, Meßwerterfassung, ...) werden von RMOS-Tasks bearbeitet.

+ Die zeitunkritischen Aufgaben (Visualisierung, Datenhaltung, Kommunikation zur Produktions-Leitebene, ...) werden Standard Windows-Programmen überlassen.

## 3 Echtzeitfähiges Interrupt-Verhalten

Um eine echtzeitfähige Interrupt-Bearbeitung der "prozeßnahen" Interrupts garantieren zu können ist es **zwingend** notwendig, die CPU im sog. "**32-Bit Protected Mode**" zu betreiben.

Damit kann die gesamte Interrupt-Steuerung unter die Kontrolle des RMOS gelegt werden. **Alle** Interrupts werden einer zentralen Überwachungsroutine (Virtual and Protected Mode Monitor) zugeführt (Bild 7).

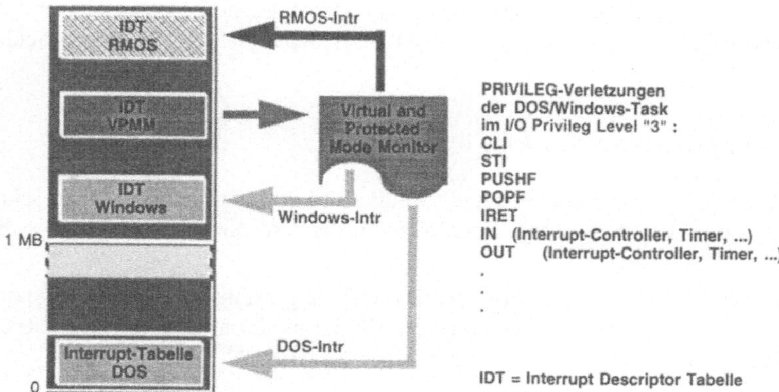


Bild 7    Mangelnde Echtzeitfähigkeit von Windows wird aufgehoben durch totale Überwachung aller Interrupts

Diese ruft, abhängig von der Interrupt-Ursache, die DOS-, Windows-, oder RMOS- Interrupt-Service-Routine auf. Um zu vermeiden, daß die unter RMOS bedienten (Echtzeit-) Interrupts durch DOS/Windows-Aktivitäten behindert werden, muß das RMOS die volle Kontrolle über die Interrupt-Controller und das Interrupt-Enable-Flag der CPU haben.

Eine Software-Simulation dieser Resourcen ist dadurch möglich, daß die I/O-Ports der Interrupt-Controller und der Interrupt-Enable-Flag-Zugriff für DOS/Windows gesperrt werden können (**I/O-Privileg Level "3"**). Durch die Sperrung löst jeder DOS/Windows-Zugriff einen Software-Interrupt aus. Der virtuelle Monitor bildet durch das gezielte Setzen einzelner Interrupt-Mask-Bits den augenblicklich herrschenden Interrupt-System-Zustand **allein** auf die von DOS/Windows benutzten Hardware-Interrupts ab.

Die unter RMOS bedienten (Echtzeit-)Interrupts können also von DOS/Windows-Programmen **nicht** gesperrt werden !

Der zusätzliche Aufwand zur Analyse der Interrupt-Ursache beeinflußt das Echtzeitverhalten nur unwesentlich, garantiert aber zu jedem Zeitpunkt eine mit der Ablaufgeschwindigkeit des Prozesses schritthaltende Steuerungssoftware.


## 4    Industrie-Tauglichkeit

Die Unterstützung des "**32-Bit Protected Mode**" ist außerdem eine wesentliche Voraussetzung für die "**Industrie-Tauglichkeit**" des Lösungsansatzes. Damit sind alle Tasks (einschl. der DOS/Windows-Task) untereinander geschützt.

Daten-, Stack- oder Programmbereichs- Verletzungen einer Task führen zur Fehlererkennung durch das Betriebssystem und zur Ausgabe einer entsprechenden Fehlermeldung, die Hinweis auf Art und Ursache der erkannten "Prozessor-Exception" gibt.

Sofern das DOS/Windows-System in einen undefinierten Zustand gerät kann jederzeit ein Warmstart durchgeführt werden, ohne daß das Gesamtsystem (damit auch die "prozeßnahe" Software) neu gebootet werden muß.

Während des Warmstarts darf die Echtzeitfähigkeit des Systems **nicht** eingeschränkt sein !

# 5 Speicheraufteilung und Kommunikations-Mechanismen

Bild 8 zeigt die Speicheraufteilung der Einprozessor-Applikation. Die "prozeßnahen" Aufgaben befinden sich mit dem RMOS in einem eigenen, von Windows "abgeschirmten" Speicherbereich, der in der Hochlaufphase des PC's eingerichtet wird. Sie sind über Zusatzkarten (lokale oder dezentrale Peripherie) mit dem eigentlichen Prozeß verbunden.

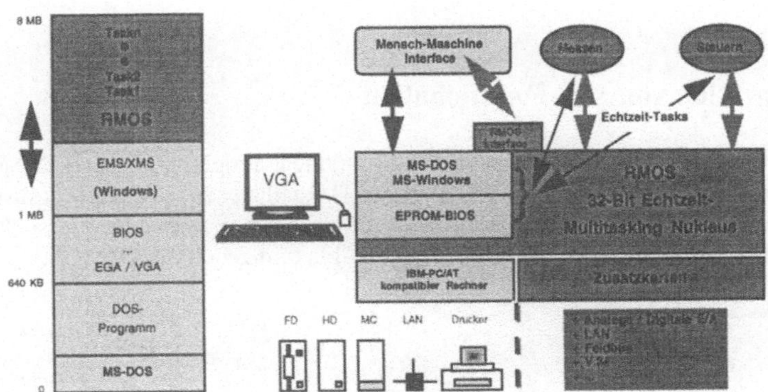


Bild 8     Speicheraufteilung RMOS, DOS, Windows

DOS/Windows behält mit den "prozeßfernen" Aufgaben die volle Kontrolle über alle Standardgeräte (Bildschirm, Tatstatur, Maus, Festplatte, Diskettenlaufwerke, LAN-Anschluß, ...). Damit auch die Echtzeit-Tasks auf diese Geräte zugreifen können, müssen entsprechende Interface-Routinen zur Verfügung gestellt werden.

Die höchstmögliche Performance bieten hier gemeinsame Speicherbereiche. In der Protected-Mode-Umgebung (RMOS, Windows) müssen die beteiligten Partner vor dem Zugriff eine entsprechende "Zugangsberechtigung" (Descriptor) generieren.
Die Windows-Programme sollten außerdem für eine fest zugeordnete (fixierte) Position im Hauptspeicher sorgen, um für eine schnelle Verarbeitung präsent zu sein.
Bei der Kommunikation mit DOS dürfen die gemeinsamen Speicherbereiche nur unterhalb von 1 Mbyte liegen. Da RMOS-Tasks grundsätzlich oberhalb von 1 Mbyte geladen werden ist dazu eine spezielle Speicherverwaltung notwendig.

RMOS-Tasks können jederzeit DOS- oder BIOS- Aufrufe auslösen. Die lokalen Resourcen (Disk, LAN-Disk, COM1:, COM2:, LPT1:, ...) werden diesen Tasks über eine Interrupt "21"-Schnittstelle oder über das Dateiverwaltungssystem (von RMOS) zur Verfügung gestellt. Das RMOS verriegelt die nicht multitaskingfähigen DOS-Zugriffe und sequentialisiert so die Anforderungen. Falls mit dem DOS/BIOS-Aufruf auch ein Datenaustausch erfolgt wird die zuvor erwähnte Speicherverwaltung benutzt.

Außerdem kann ein Programm, das unter DOS/Windows ausgeführt wird, auch Systemaufrufe an das RMOS absetzen.
Damit haben diese Programme z.B. die Möglichkeit, eine RMOS-Task zu starten oder Botschaften an eine RMOS-Mailbox zu senden. Bei Systemaufrufen, die die anfordernde Task in den Wartezustand versetzen, ist zu beachten, daß dieser Zustand auf die gesamte DOS/Windows-Umgebung wirkt, da diese als eine einzige Task unter dem RMOS implementiert ist. Derartige Systemaufrufe sollten mit einer zeitlichen Begrenzung (TIMEOUT) und einer Status-Auswertung arbeiten, wodurch der Wartezustand gezielt abgebrochen und eine Programmfortsetzung ermöglicht wird.

Über die **DDE**-Schnittstelle (**D**ynamic **D**ata **E**xchange) kann ein Windows-konformer Informationsaustausch zwischen RMOS- und Windows- Applikationen erfolgen. Die Schnittstelle arbeitet mit einem unter Windows laufenden Dispatcher und unterstützt alle drei Möglichkeiten einer DDE-Verbindung (COLD-, WARM- und HOT- LINK) mit unterschiedlichen Datenformaten. RMOS-Tasks können dabei sowohl die Rolle des Servers wie auch des Clients einnehmen. Bis zu 8 Konversationen können quasiparallel zwischen RMOS-DDE-Clients und Windows-DDE-Servern bzw. zwischen RMOS-DDE-Servern und Windows-DDE-Clients geführt werden.

## 6 Integration von SPS-Funktionalität

Für reine Steuerungsaufgaben empfehlen sich SPS-übliche Programmier- und Test-Methoden. Die Programme werden dabei mit "STEP5" in den Darstellungsarten Anweisungsliste (AWL), Kontaktplan (KOP) oder Funktionsplan (FUP) auf einem Programmiergerät erstellt. Bild 9 zeigt die Struktur einer "SoftPLC" in der Ablaufumgebung des RMOS.

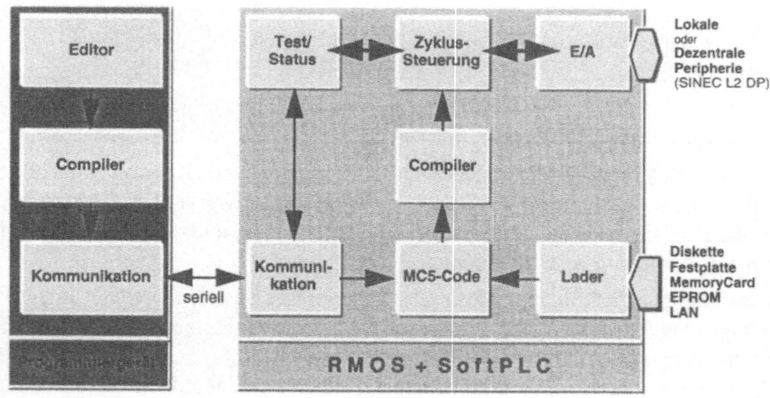


Bild 9     Allgemeines Funktionsprinzip der SoftPLC

Die "SoftPLC" setzt sich zusammen aus Tasks für die eigentliche Zyklussteuerung, Tasks für die serielle Kommunikation und das Laden von Programmen, einer Status-Überwachung und einem Compiler, der den STEP5-Code in 80386-Code übersetzt.

STEP5-Programme sind in Form von "Bausteinen" strukturiert. Entsprechend ihrer Funktion sind die Bausteintypen unterteilt in Organisations- (OB), Programm- (PB), Funktions- (FB), Schritt- (SB) und Datenbausteine (DB). Die SoftPLC stellt darüber hinaus für OB's und FB's zusätzlich eine Hochsprachenschnittstelle (in "C") zur Verfügung.

Neben der zyklischen Programmbearbeitung (Eingangsprozeßabbild lesen - Programmlauf - Ausgangsprozeßabbild schreiben) können bis zu vier Alarm-Bausteine (OB2 ... OB5) direkt auf externe Signale (Interrupts) reagieren und die Organisations-Bausteine OB10 ... OB 13 zeitgesteuert in Intervallen von 10 ms ... 10 Minuten aufgerufen werden. Eine Zykluszeitüberwachung spricht bei Überschreitung einer einstellbaren maximal zulässigen Rechenzeit an.

Die Prozeßankopplung geschieht lokal über den Systembus mit Ein/Ausgabe-Baugruppen aus dem SICOMP-Programm oder dezentral über eine Profibus-Anschaltung (SINEC L2-DP).

Da die SoftPLC in der Regel die höchste Priorität besitzt und damit wegen ihres zyklischen Ablaufs zunächst die CPU zu 100 % auslastet, wird die Rechenzeit für die zusätzlichen Tasks durch eine konfigurierbare Pause reserviert. Die Interrupt-Bearbeitung ist dabei natürlich nicht an diese Zeitscheibe gebunden (Bild 10).

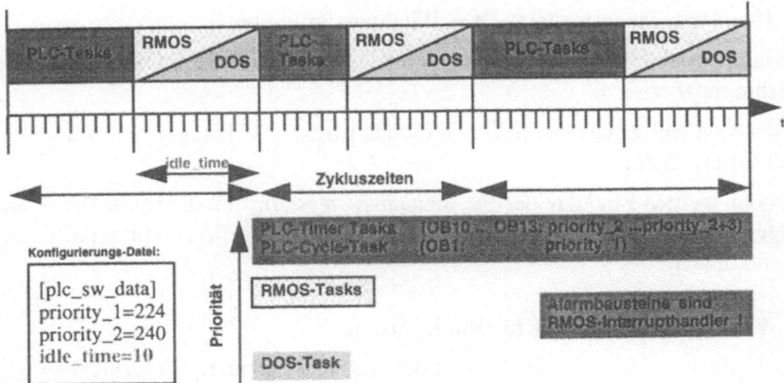


Bild 10    Multitasking-Verhalten der SoftPLC

Als Daten-Schnittstellen stellt die SoftPLC ihr Prozeßabbild (erweitert um Zeitgeber, Zähler und Merker) in einem gemeinsamen Speicherbereich zur Verfügung. Weiterhin ist der Austausch kompletter Datenbausteine möglich, d.h. eine Task kann Datenbausteine von der SoftPLC anfordern oder an sie übergeben.

Neben diesen reinen Daten-Schnittstellen kann die SoftPLC über die Hochsprachen-Bausteine auch die RMOS-Systemdienste nutzen. Intertask-Kommunikation über Mailboxen oder Flaggruppen ist damit ebenso möglich wie das Starten von Tasks oder RMOS-Treiberaufrufe.

Die SoftPLC integriert SPS-Funktionalität **ohne** zusätzlichen Hardware-Aufwand in freiprogrammierbare Systeme. SPS-Programmierung wird hauptsächlich für originäre Steuerungsaufgaben und für die Anlagenkonfigurierung bzw. Parametrierung bei der Inbetriebnahme und Wartung eingesetzt.


# 7    Zusammenfassung

Wenn wir nun die wesentlichen Leistungsmerkmale, wie

- Preemptives Multitasking,

- Echtzeitfähigkeit,

- Industrie-Tauglichkeit,

- Kommunikationsmechanismen,

- Standardisierte Betriebssystem-Oberflächen und

- Integration von SPS-Funktionalität

zusammenfassen, so wird erkennbar, daß die Symbiose von Echtzeit- und Standard-Betriebssystem(en) in idealer Weise die Schwächen der einzelnen beteiligten Partner durch die Stärken der jeweils anderen kompensiert.

Das Konzept der **"integrierten Einprozessor-Applikation"** bietet Ihnen gegenüber anderen Lösungsansätzen folgende, entscheidenden Vorteile.

- Kurze Einarbeitungszeit, da DOS und Windows weltweit eingesetzt wird.

- Definierte Kommunikationsmechanismen zwischen DOS/Windows und RMOS.

- Volle Ausnutzung des Arbeitsspeichers oberhalb 1 Mbyte.

- Zugriff auf branchenorientierte DOS/Windows-Programme.

- Sicherung bestehender Software-Investitionen, da vorhandene DOS/Windows-Programme weiterhin nutzbar sind.

Damit entstehen völlig neue Perspektiven für den Einsatz PC-kompatibler Architekturen in der Automatisierungstechnik.

Im folgenden werden Produkte der Fa. Siemens vorgestellt, mit denen Sie den Lösungsansatz der "integrierten Einprozessor-Applikation" in Ihrem zukünftigen Automatisierungskonzept realisieren können.

## RMOS, Echtzeit-Multitasking für die Industrie

Das Betriebssystem **SICOMP RMOS** ist der Industrie-Standard für Echtzeitaufgaben.
Es bietet Ihnen durch seinen skalierbaren Leistungsumfang für jede Anwendung die passende Funktionalität: Ob Ablaufhilfe für einfache Steuerungs- und Regelungs- Aufgaben oder vollwertiges Betriebssystem mit Multitasking, preemptivem Scheduling und Deterministik (Bild 11).

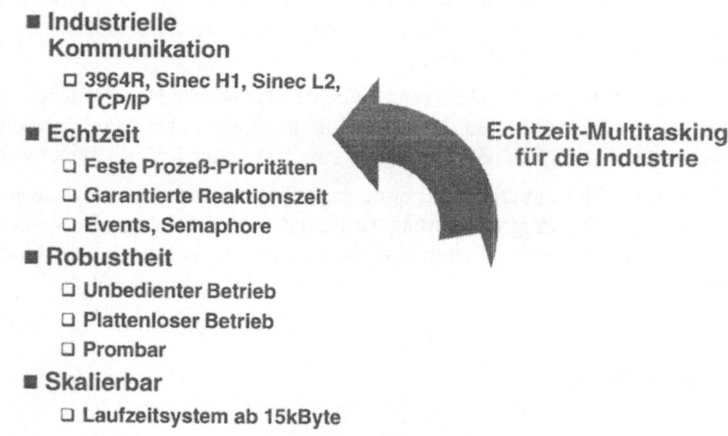


Bild 11   RMOS, Echtzeit-Multitasking für die Industrie

Die industrielle Automatisierung mit den typischen Aufgaben wie das

- Steuern von Aktoren,

- Erfassen von Signalen oder analogen Größen,

- Positionieren von Achsen und

- Berechnen von Soll- und Istwerten,

erfordert Garantien, daß ein Prozeß innerhalb einer definierten Zeit auf ein Ereignis reagieren kann bzw. daß unabhängig von der aktuellen Systemlast die Reaktion auf solch ein Ereignis eindeutig voraussagbar und reproduzierbar ist.

RMOS ist das Echtzeit-Multitasking-Betriebssystem, das solche Aufgaben (Tasks) entsprechend ihrer Priorität abarbeitet, wobei die Reaktion auf erwartete oder unerwartete, interne oder externe Ereignisse (Interrupts) innerhalb von Mikrosekunden liegt.

Unabhängig von der aktuellen Systemauslastung ist bei RMOS die Reaktion auf ein Ereignis eindeutig vorhersagbar und reproduzierbar.

Schritthaltende Verarbeitung ist mit RMOS garantiert. Daten können in einer vorgegebenen Taktfrequenz aufgenommen, verarbeitet und gespeichert werden, ohne daß ein Datum verlorengeht.

RMOS unterstützt neben 80386EX/CX-Embedded Systemen alle 80186, 80386, 80486 und Pentium-Hardware-Plattformen wie Board-Systeme und PC-Architekturen.

RMOS stellt Ihnen hardwareunabhängige Programmierschnittstellen zur Verfügung und übernimmt die Verwaltung von Betriebsmitteln und Datenbeständen sowie die Task-Koordination und Task-Kommunikation.

**RMOS, Hohe Qualität und Zuverlässigkeit**

Die RMOS-Qualitätssicherung von der Planung über die Realisierung bis hin zum Service ist von der DQS nach DIN 9001 zertifiziert (Bild 12).

Bild 12    RMOS, Hohe Qualität und Zuverlässigkeit

RMOS besitzt die höchste Gewährleistungsklasse für Software. Das bedeutet nicht nur besondere Sorgfalt bei der RMOS-Entwicklung, sondern vor allem auch rasche und effiziente Unterstützung beim Einsatz der Software durch professionelle Support/Applikations- Abteilungen bis hin zur Fehlerbeseitigung durch Lieferung eines neuen Produkt-Ausgabestandes.

**RMOS for Windows, die Echtzeiterweiterung für Windows**

RMOS for Windows ist die Verbindung des bewährten Echtzeit-Multitasking-Betriebssystems RMOS3 (32-Bit Protected Mode) mit dem Standard-Betriebssystem Windows.

Bei RMOS for Windows läuft das original MS-DOS 6.22 und Windows for Workgroups 3.11 als eine Task mit der niedrigsten Priorität unter RMOS3. Die DOS- bzw. Windows- Anwendungen werden so ausgeführt, als ob RMOS nicht vorhanden wäre.

RMOS for Windows erfüllt damit zu 100 % die zuvor detailliert diskutierten technischen Anforderungen, um Prozeßführungs- und B&B- Aufgaben auf **einer** CPU zu integrieren (Bild 13).

Bild 13    RMOS for Windows, die Echtzeit-Erweiterung für Windows

## SoftPLC, die Integration der SPS-Funktionalität

Die **SICOMP SoftPLC** ist ein Programmpaket für RMOS mit dem vollen Funktionsumfang einer speicherprogrammierbaren Steuerung **S5/CPU944** für das industrielle Mikrocomputer-System **SICOMP IMC** der Fa. Siemens (Bild 14).

- **Kompatibel zur SIMATIC S5  944 CPU**
- **Bearbeitungszeit für 1 K STEP5-Anweisungen < 0,2 ms (80486DX2/66MHZ)**
- **Programmieren von OBs und FBs in C/C++**
- **1 KByte Dual Port- oder Shared- RAM für Datenaustausch**
- **Bis zu 4 Interrupt-Eingänge für Alarmbausteinbehandlung**
- **Eingabeport für Taster Urlöschen und Schalter STOP/RUN**
- **Ausgabeport zur Ansteuerung der LEDs für STOP/RUN-Betriebsanzeige und Fehlerbehandlung**
- **Programmierung in STEP5 auf PC oder PG (AWL, FUP oder KOP)**
- **E/A-Anschluß über**
    - ❑ **Systembus (z.B. SMP16, AMS)**
    - ❑ **SINEC L2 DP (SMP16-COM201)**

Bild 14    SoftPLC, die Integration der SPS-Funktionalität

Mit der SoftPLC können Sie entsprechend den zuvor erläuterten Mechanismen Anwenderprogramme in "**STEP5**" mit SPS-üblichen Programmier- **und** Test-Methoden in die RMOS- bzw. RMOS for Windows- Ablaufumgebung integrieren.

Die Einbeziehung der SPS-Funktionalität vervollständigt somit das Konzept der "**integrierten Einprozessor-Applikation**".

# OSEK -
# Standardschnittstellen für die
# Elektronik im Kraftfahrzeug


Jochem Spohr
ATM Computer GmbH
Max Stromeyer-Str. 160
78467 Konstanz


Die Anzahl der in einem Kraftfahrzeug eingesetzten Mikroprozessoren hat sich in den letzten Jahren kontinuierlich erhöht. In einem Mercedes-Benz der E-Klasse sind beispielsweise ungefähr 25 Mikroprozessoren eingebaut, in der S-Klasse können mehr als 50 Mikroprozessoren integriert sein. Bei den Kraftfahrzeugen anderer Hersteller sind die Verhältnisse ähnlich. Dabei geht das Spektrum der eingesetzten Mikroprozessoren von einfachen 4-Bit Controllern, genutzt zum Beispiel zur Innenlichtsteuerung, bis zu leistungsfähigen 16-Bit Controllern, wie sie heutzutage in der Motorelektronik eingesetzt werden. Die Tendenz geht eindeutig dahin, den Einsatz von Mikroprozessoren noch wesentlich auszuweiten, einerseits, indem weitere existierende Funktionalitäten von konventioneller Technologie auf Mikroprozessoren umgestellt werden, andererseits, indem neue Funktionalitäten integriert werden können, die mit konventioneller Technologie nicht beherrschbar sind. Das eingesetzte Leistungsspektrum bei den Mikroprozessoren wird sich für diese Funktionen mittelfristig auf die 32-Bit Architekturen ausweiten.

Für den Einsatz von Mikroprozessoren in Kraftfahrzeugen können im wesentlichen drei Gründe ausgemacht werden. Einerseits sind Lösungen mit Mikroprozessoren häufig kostengünstiger als konventionelle Lösungen. Bei den Kosten dürfen dabei nicht nur die primären Kosten eines solchen 'Steuergeräts' gesehen werden, sondern auch die Sekundärkosten wie Gewicht, Platzbedarf etc. Die rasante Preisentwicklung bei den Mikroprozessoren legt es für immer mehr Funktionen nahe, eine Lösung mit Mikroprozessoren zu favorisieren. Des weiteren sind Lösungen mit Mikroprozessoren oft änderungsfreundlicher. Neue oder modifizierte Funktionalität kann häufig durch Ergänzung der Software auf dem Steuergerät erbracht werden. Bei konventionellen Lösungen ist dagegen oft ein Austausch des Steuergeräts notwendig, im ungünstigsten Fall können sogar Umkonstruktionen erforderlich sein. Und schließlich sind, wie bereits weiter oben erwähnt, mit Mikroprozessoren manche Probleme in wesentlich besserer Qualität oder überhaupt erst lösbar, wie die aufwendige Optimierung einer Motorsteuerung.

Die eingesetzten Mikroprozessoren werden überwiegend als 'embedded controller' genutzt, welche Realzeitaufgaben zu verrichten haben. Damit treten die üblichen Probleme auf, die bei Anwendung von Mikroprozessoren in realzeitkritischen Anwendungen z. B. in der Industrie bekannt sind. Verschärfend kommt jedoch hinzu, daß immer komplexere Strukturen entstehen. Die Tendenz geht innerhalb der

Kraftfahrzeuge eindeutig zur Vernetzung und zur Bildung übergeordneter logischer Blöcke. Einer der Gründe dafür ist der Einbau von Diagnosesystemen, die Zugriff auf sehr viele Daten auf den einzelnen Steuergeräten benötigen. Es gibt jedoch einen schwerwiegenden weiteren Grund. Inzwischen sind die Möglichkeiten der lokalen Optimierung von Abläufen in Hinblick auf Punkte wie Sicherheit, Effizienz usw. in vielen Fällen weitgehend ausgeschöpft. Durch eine übergeordnete Optimierung lassen sich aber noch verbesserte Ergebnisse erzielen. Dies führt automatisch zu noch höherer Vernetzung von Einzelsystemen und zu aufwendiger zusätzlicher übergeordneter Optimierung.

Diese Entwicklung war durchaus nicht absehbar, als die ersten Mikroprozessoren in Kraftfahrzeugen eingesetzt wurden. Es hat - im Vergleich zur sonstigen Industrie - relativ lange gedauert, bis Mikroprozessoren in Kraftfahrzeugen aufgetaucht sind. Auch dafür gibt es gute Gründe. Die Kraftfahrzeugbranche ist extrem kostensensitiv. Kein Hersteller kann es sich erlauben, Elektronik einzusetzen, wenn nicht der Herstellungspreis des Kraftfahrzeugs zumindest unbeeinflußt bleibt. Da die Anforderungen an die Mikrocontroller bezüglich Temperatur, EMV usw. sehr hoch sind, müssen häufig spezielle Mikrocontrollervarianten benutzt werden, oder es muß zusätzlicher Aufwand auf den Steuergeräten getrieben werden. Die Komponenten, für die ein Einsatz von Mikrocontrollern möglich war, waren deshalb anfangs nur relativ teure Steuergeräte in Kraftfahrzeugen der gehobenen Preisklasse. Damit kam es auch nicht zu einem wesentlichen Sückzahleffekt.
Die Einführung von Mikroprozessoren erfolgte deshalb bei vielen Firmen anfangs punktuell und, über die gesamte Firma gesehen, relativ unkoordiniert. Die für einzelne Steuergeräte zuständigen Gruppen bei Hersteller oder Zulieferant wählten üblicherweise ohne Absprache einen geeigneten Mikroprozessor - meist 4-Bit Controller - und programmierten die entsprechende Funktionalität ohne Benutzung von Standardschnittstellen in Assembler auf dem Prozessor. Im Prinzip war dies auch nicht anders möglich, weil die Nutzung irgendwelcher genormter Schnittstellen einen 4-Bit Controller gesprengt hätte. Ein 8-Bit Controller wäre jedoch preislich nicht akzeptabel gewesen.
Als Ergebnis bildeten sich innerhalb der Hersteller und der Zulieferanten einzelne Gruppen, die eine eigene 'Programmierkultur' bei der Programmierung von Mikroprozessoren von Steuergeräten entwickelt haben.

Nachdem sich der Umfang der Programmierung kontinuierlich erhöht hat, konnten die Kosten für Entwicklungsumgebung, Schulung, Softwareerstellung, Maintenance usw. für verschiedene Architekturen innerhalb der Firmen nicht mehr vernachlässigt werden. Die Firmen waren, um effektiv und kostengünstig zu arbeiten, gezwungen, sich Standards zu setzen. Dies ist weitgehend gelungen. Begünstigt wurde dies auch durch den Preisverfall bei den 8-Bit Prozessoren. Als Ergebnis hatte jedoch am Ende jeder Hersteller und jeder Zulieferant seinen privaten Betriebssystemstandard, seinen privaten lokalen Fahrzeugbus. Dies führte und führt teilweise heute noch zu erheblichen Anpassungskosten. Der Zulieferant muß seine Steuergeräte an die speziellen Schnittstellenanforderungen des Herstellers anpassen. Die Serien bei den Steuergeräten sind kleiner, als es nötig wäre, mit entsprechend höheren Kosten. Die Realisierung derselben Funktionalität auf Steuergeräten verschiedener Hersteller ist spezifisch, eine Kombination verschiedener Funktionalitäten auf einem Steuergerät praktisch unmöglich.

Zu aller erst und am dringendsten zeigten sich diese Probleme beim Kraftfahrzeugbus. Das Problem wurde angegangen durch Definition einiger Standardbusse (CAN, VAN, ..), von denen sich der CAN-Bus weitgehend durchgesetzt hat. Er kann europaweit als der de-facto Standard angesehen werden. Diese Entwicklung ermöglichte den Herstellern von Mikroprozessoren die Entwicklung kostengünstiger Prozessoren mit integriertem CAN-Bus Interface. Die in einem Kraftfahrzeug eingesetzten Steuergeräte konnten damit zumindest auf dem 'physical layer' einfach vernetzt werden.

Es zeigte sich jedoch bald, daß die Definition eines Kraftfahrzeugbusses nur der erste Schritt sein konnte. Um die Portabilität von Anwendungen zwischen verschiedenen Architekturen, die Wiederverwendbarkeit der Software, die Möglichkeit der Kombination verschiedener Applikationen auf einer Architektur zu erreichen, waren zwei weitere Schritte erforderlich. Die eine ist die Verwendung einer höheren Programmiersprache. Die andere ist die Definition von Standardschnittstellen innerhalb eines Steuergeräts.

Nachdem innerhalb der Firmen festgestellt worden war, daß einerseits die Grundsoftware auf einem Mikrocontroller kein wettbewerbsrelevanter Teil des Kraftfahrzeugs ist, andererseits für alle beteiligten Firmen die Definition von Standardschnittstellen langfristig Kosten sparen wird, bildete sich 1993 ein Konsortium, daß es sich zur Aufgabe machte, Standardschnittstellen für Software auf Steuergeräten zu definieren. Dieses Konsortium gab sich den Namen OSEK. OSEK steht dabei für "Offene Systeme und deren Schnittstellen für die Elektronik im Kraftfahrzeug". Gründungsmitglieder des OSEK-Konsortiums waren die Firmen BMW, Bosch, Daimler-Benz/Mercedes-Benz, Opel, Siemens, VW, wobei Bosch und Siemens die Interessen der Zulieferer vertreten. Mit der Projektbetreuung wurde die Universität Karlsruhe betraut. Aufgabe war die Definition von Schnittstellen für Betriebssystem, Kommunikation, und Netzwerkmanagement. Zu diesem Zweck wurde für jede dieser Themen eine Arbeitsgruppe eingerichtet, welche von den beteiligten Firmen beschickt wurde.
Den Arbeitsgruppen wurden folgende Richtlinien mitgegeben:
- die Schnittstellen sollten ausreichend sein für typische Anforderungen von Anwendungen für Kraftfahrzeuge (realzeitfähig)
- die Schnittstellen sollten implementierbar sein bereits auf 8-Bit Controllern
- die Schnittstellen sollten für 'embedded controller' geeignet sein (ROM-fähig)
- die Schnittstellen sollen in ANSI C formuliert werden
- modulare Ausbaustufen der Schnittstellen sollten verfügbar sein, um auch das obere Leistungsspektrum abzudecken

Neben diesen rein technischen Vorgaben gab es einige nicht explizit ausgedrückte Randbedingungen, die jedoch für einen Erfolg der Arbeit des Konsortiums mindestens ebenso wichtig waren:
- effektive Implementierbarkeit der Schnittstellen
- die Schnittstellendefinition muß so sein, daß hohe Akzeptanz bei Herstellern und Zulieferern zu erwarten ist

Besonders der letzte Punkt kann in seiner Bedeutung gar nicht hoch genug eingeschätzt werden. Er heißt nämlich nicht mehr und nicht weniger, als daß sich all die verschiedenen Programmierkulturen, die sich in den verschiedenen Firmen herausgebildet haben, in den definierten Schnittstellen wiederfinden müssen. Dies ist auch nicht anders machbar, da aus Zeit- und Termingründen sicher bestehende Applikationen an die neudefinierten Schnittstellen adaptiert werden müssen. Die bisher benutzten Strategien müssen zu diesem Zweck abbildbar sein.

Die Arbeitskreise standen deshalb vor der undankbaren Aufgabe, die teilweise sehr divergierenden existierenden Strategien der beteiligten Firmen 'unter einen Hut' zu bekommen und trotzdem eine logisch konsistente und verständliche Definition vor zu legen, die den übrigen Anforderungen genügt. Das heißt, jeder Interessengruppe sollte die Spezifikation vertraut und einfach verständlich vorkommen, dabei alle Forderungen nach Funktionalität, Flexibilität usw. abdecken. Erschwert wurde dies noch dadurch, daß sich gegen Ende der Spezifikationsphase noch die französische VDX-Gruppe (Renault, PSA) dem Projekt anschloß und zu diesem relativ späten Zeitpunkt noch einige eigene Ideen einbrachte. Andererseits hat sich die Basis der OSEK-Aktivitäten dadurch von einer rein deutschen Aktivität zu einer europäischen Plattform gewandelt. Die Aktivitäten werden inzwischen offiziell unter dem Namen OSEK/VDX weiter geführt.

Aus dem Gesagten ist zu erkennen, daß Kompatibilität zu markteingeführten Systemen oder zu Normen kein wesentlicher Gesichtspunkt bei der Spezifikation war. Die Forderung nach Lauffähigkeit auf 8-Bit Controllern (mit 256 Bytes RAM!), gekoppelt mit der Abdeckung von 16- oder gar 32-Bit Controllern, hat allerdings auch kein bestehendes System zum offensichtlichen Kandidaten gemacht.

Unter den angesprochenen schwierigen Randbedingungen konnte eine erstaunlich konsistente und 'runde' Spezifikation erarbeitet werden. Diese Spezifikation beschränkt sich strikt auf die Definition der Schnittstellen und der dahinterliegenden Funktionalität, wobei allerdings das Verhalten oft sehr scharf beschrieben ist. Sie macht keine Vorgaben über Implementierungen. Zu einer OSEK-Implementierung gehört allerdings die Angabe von Leistungsdaten, sowie die Festlegung von wenigen einzelnen Punkten, wo bei der Schnittstellendefinition Freiheitsgrade gelassen sind.

Allgemein ist das durch die Schnittstellendefinition spezifizierte OSEK-System ein statisches System. Dynamische Speicherverwaltung wird für die typischen Kraftfahrzeuganwendungen als überflüssig, sogar als schädlich angesehen. Die adressierbaren Systemobjekte wie Tasks müssen bereits vorab definiert und angelegt werden. Die Fehlerabprüfungen des Systems werden auf ein Minimum beschränkt, es werden ausgetestete Systeme vorausgesetzt. Für die Testphase kann eine Fassung mit verschärfter Fehlerabprüfung benutzt werden. Die einzelnen Fehler, welche in den beiden Fassungen erkannt werden, sind zusammen mit ihren spezifischen Meldungen genau festgelegt.

Die Spezifikation der Betriebssystemschnittstellen besteht aus acht Teilen. In einem ersten Teil werden allgemeine Festlegungen gemacht. Dazu gehört beispielsweise die Festlegung der erlaubten Ausbaustufen (die strikt aufeinander aufbauen), die Festlegung des Verhaltens im Fehlerfall (mit Varianten zur einfachen und verschärften Fehlerprüfung), der Hinweis, daß Schnittstellen nicht unbedingt durch Funktionen realisiert werden müssen (auch Makroexpansion ist erlaubt), und Ähnliches. Die restlichen Teile stellen die Funktionalität in Form von C-Aufruf-Syntax dar. Sie behandeln das Taskhandling, die Verwaltung von Interrupts, die Verwaltung sogenannter Resourcen (explizite Elemente zum Schutz von 'critical regions'), die Behandlung von 'Events' (1-Bit-Semaphoren, die den Tasks zugeordnet sind), Verschicken von 'messages' (Daten, gepuffert und ungepuffert möglich), die Verwaltung von Alarmen, die an beliebige Zähler gekoppelt sind, sowie die Unterstützung von Fehlerabhandlung und Debugging. Weitgehend sind die Funktionalitäten konventionell (Taskstart, Taskbeendigung usw.). Im Folgenden werden einige Punkte herausgegriffen, die etwas aus dem Rahmen normaler Systeme herausfallen.

Zur Erhöhung der Modularität und zur Verbesserung der Möglichkeit, auch sehr kleine Mikroprozessoren zu bedienen, ist selbst der in vielen Systemen übliche Wartezustand bereits eine Ausbaustufe. Um dies zu erreichen, unterstützt die Schnittstellendefinition zwei Tasktypen: ein Typ, der keine Wartezustände zuläßt, und ein Typ, der Wartezustände unterstützt. Der zweite Tasktyp ist erst in den höheren Ausbaustufen des Systems definiert.

Nach Definition darf eine 'Resource' nur dann belegbar sein, wenn sicher gestellt ist, daß sie während der Belegzeit nicht durch eine höhere Priorität belegt wird. Einfach implementierbar ist dies nur dadurch, indem das sogenannte 'priority ceiling' Verfahren angewendet wird. Dieses Verfahren erhöht die Priorität einer Task soweit, daß eine eventuell konkurrierende Task nicht zum Laufen kommt. Bei Anwendung von Resourcen gemäß Beschreibung kann die deadlock-Freiheit garantiert werden.

Die Organisation von Countern und Alarmen ist sehr allgemein enthalten. Alarme laufen ab, wenn Counter einen bestimmten Wert erreichen. Welches Ereignis einen Counter fortschaltet, ist nicht definiert. Dies kann ein Timerinterrupt sein, es kann aber auch der Interrupt eines Winkelgebers sein an einer Achse, oder ein Softwareereignis. Damit können auch andere in Kraftfahrzeuganwendungen vorkommende Ereignisse herangezogen werden.

Die Spezifikation der Kommunikationsschnittstellen lehnt sich an die entsprechende Spezifikation für das Betriebssystem an. Sie legt nach dem ISO-Schichtenmodell einen Interaktionslayer, einen Transportlayer, und einen Linklayer fest. Die Schnittstellen des Interaktionslayers sind identisch mit der Schnittstelle für 'messages' beim Betriebssystem. Konkret heißt dies, daß das Verschicken von 'messages' anwendertransparent sowohl lokal, als auch über Netzwerk möglich ist. Der Transportlayer ist verantwortlich für Quittierung und für das Aufschlagen von Daten in 'frames', er kann entfallen, wenn Quittierung nicht verlangt ist, und Daten immer in einen Frame passen. Der Linklayer bietet einfache Schnittstellen zum Senden und Empfangen von Daten, und zwar für Transportlayer/Interaktionslayer einerseits, für das Netzwerkmanagement andererseits. Dem Anwender sind diese Schnittstellen nicht zugänglich.

Eine spezielle Schnittstelle ist die Möglichkeit für das Netzwerkmanagement, den Linklayer für Zugriffe durch Transportlayer/Interaktionslayer zu sperren.

Die Definition von Ausbaustufen und die Beschreibung von Fehlerfällen ist analog zu der Schnittstellenbeschreibung des Betriebssystems.

Die im Netzwerkmanagement beschriebenen Schnittstellen sind nur relevant für denjenigen, der ein Netzwerkmanagement selbst schreibt. Für eine normale Anwendung ist die Schnittstelle bedeutungslos. Die Schnittstellenbeschreibung enthält auch das Verfahren, wie sich Knoten im Netzwerk melden, und wie festgestellt werden kann, welche Knoten im Netzwerk aktiv sind, und wie - ein ganz wichtiger Punkt - das Netzwerk zur Energieeinsparung heruntergefahren und reaktiviert werden kann..

Die OSEK Spezifikation enthält keine Schnittstelle zum Anschluß von Geräten. Definiert ist nur, wie Interrupts entgegen genommen werden können, und welche Schnittstellen vom Anwender im Interrupt aufgerufen werden können. Die Verwaltung der Geräte (z.B. Digital-/Analog-E/A) wird eigenverantwortlich vom Anwender durchgeführt.

All diese Angaben beziehen sich auf die Spezifikation 1.0 von OSEK. Diese Version wurde offiziell während des "1st International Workshop on Open Systems in Automotive Networks" vorgestellt. Dieser Workshop fand am 9. Oktober 95 in Karlsruhe statt und wurde von über 200 interessierten Teilnehmern besucht.

Seit diesem Zeitpunkt laufen mehrere Aktionen parallel. Zum einen gilt es, die Implementierbarkeit der Spezifikation nachzuweisen, und eventuelle Schwächen der Spezifikation zu ergänzen. Implementierungen liegen inzwischen vor, beispielsweise von der ATM Computer GmbH, oder von GSI Tecsi in Frankreich. Mit Hilfe dieser Implementierungen werden nun erste Probeapplikationen durchgeführt, die zu einem direkten Rückfluß an das OSEK-Konsortium führen. Erste Erfahrungen zeigen, daß die Spezifikationen - insbesondere was das Betriebssystem angeht - als stabil angesehen werden kann. Notwendige Modifikationen werden sich auf Details beschränken, die dann in einer Version 2.0 festgelegt werden. Parallel dazu werden Punkte angegangen, die bisher noch nicht bearbeitet wurden. Dazu gehört die Organisation der weiteren OSEK-Aktivitäten (Aufnahme neuer Mitglieder, Einrichten eines 'Technical Committee' und einer 'User Group'), Erarbeiten einer Strategie für Zertifizierung, sowie die Bereitstellung standardisierter Testprogramme.

Bisherige Erfahrungen zeigen, daß die OSEK Spezifikation brauchbar ist. Es existieren bereits Ausschreibungen von Automobilherstellern an Zulieferanten, in denen die Existenz einer OSEK-konformen Schnittstellenimplementierung auf Steuergeräten ausdrücklich als Wettbewerbsvorteil gegenüber Mitanbietern festgelegt wird. Es ist damit mit einer wachsenden Verbreitung von OSEK zu rechnen. So, wie der CAN-Bus zum de-facto Standard der Automobilindustrie geworden ist, kann dies auch für OSEK eintreten. Und so, wie die Mikroprozessorhersteller inzwischen Chips mit integrierter CAN-Unterstützung anbieten, ist es denkbar, daß eine on-chip Unterstützung von OSEK mittelfristig eingebaut wird.
Da die OSEK-Schnittstellen auch für die Lösung von ähnlich gelagerten Anforderungen außerhalb der Kraftfahrzeugindustrie geeignet sind, ist es sehr wahrscheinlich, daß dann OSEK seinen Weg auch außerhalb dieser Industrie finden wird.

# Wirtschaftliche Fehlertoleranz in Funktionsblock-konfigurierbaren Feldstationen


H. J. Beestermöller
Universität Bremen
Institut für Automatisierungstechnik
Kufsteiner Straße, 28359 Bremen
Hbeester@elektrotechnik.uni-bremen.de

G. Thiele
Universität Bremen
Institut für Automatisierungstechnik
Kufsteiner Straße, 28359 Bremen
Thiele@elektrotechnik.uni-bremen.de


## Abstract


*The tendency to design the system-software of modern Programmable Logic Controllers (PLCs) on the basis of the features of well known realtime operating systems has influenced the IEC 1131 standard for PLCs with respect to the inclusion of an explicit task model. This is a significant step towards the inclusion of fault-tolerance, e.g., tolerating the missing of task-deadlines. The constructs for exception-handling and reconfiguration of modern realtime-languages, e.g. PEARL 90, are well suited for a transparent and dependable implementation of fault-tolerance mechanisms in PLCs.*

*On the basis of these concepts, this paper discusses solutions for the integration of fault-tolerance with respect to the function-block diagram (FBD)-language, which is of particular interest with respect to the certification of realtime-software for PLCs in safety critical systems. A prototype implementation of the PEARL-PLC will be used for the verification of the outlined mechanisms using modern adaptive control as typical task-scenario.*


# 1 Einleitung

## 1.1 Überblick und State of the Art

Bei eingebetteten Realzeit-Systemen kommt es häufig darauf an, daß deren Komponenten unter allen Umständen ohne Ausfall arbeiten können, da ein Ausfall, wie bei einem Flugzeug, katastrophale Folgen für das Leben von Menschen hat. Da ein Ausfall realer Systemkomponenten nicht ausgeschlossen werden kann, muß das Gesamtsystem so konstruiert werden, daß Komponentenfehler toleriert werden können. Bei Systemen, die Fehler tolerieren ohne das Verhalten des Gesamtsystems zu beeinflussen, spricht man von zuverlässigen Systemen. Wird im Fehlerfall das Gesamtsystem „lediglich" in einen sicheren Zustand überführt, der i.a. einen Produktionsstillstand zum Schutz von Menschen, Umwelt und Material bedeutet, so spricht man von „sicheren Systemen".

Wird ein Produktionsstop dadurch vermeidbar, daß das System mit verminderter Leistungsfähigkeit bzw. Güte weiterarbeiten kann, so verfügt dieses System über „wirtschaftliche Fehlertoleranz" [Män87], die die Möglichkeit einer vertretbaren Leistungsminderung („graceful degradation") zur Voraussetzung hat. In diesem Bereich gibt es, im Gegensatz zu den beiden anderen Varianten der Fehlertoleranz, bisher nur relativ wenige Veröffentlichungen [Män87, Sto90, Kro87].

Um im Sinne wirtschaftlicher Fehlertoleranz in eingebetteten Automatisierungssystemen Ausfälle in der Prozeßperipherie oder sogar den Ausfall ganzer Feldstationen tolerieren zu können, müssen die weiterhin funktionierenden Komponenten des verteilten Automatisierungssystems die entsprechenden Anforderungen ausgleichen bzw. mitübernehmen, da im Unterschied zu zuverlässigen Systemen keine zusätzlichen redundanten Komponenten vorgesehen sind. Die Problematik der Einhaltung der Zeitbedingungen an kritische Tasks tritt dadurch noch verstärkt in Erscheinung.

Die Entwicklung fehlertoleranter Realzeit-Software wird deshalb durch entsprechende Konstrukte moderner Realzeit-Sprachen unterstützt, zu denen die Ausnahmebehandlung [PEA95, Ada95], Tasks mit alternativen Ausführungsteilen [Hal92] und Rekonfiguration in verteilten Systemen [DIN89, But95] gehören.

## 1.2 Aufgabenstellung

Eine besondere Ausprägung der Integration wirtschaftlicher Fehlertoleranz liegt bei Funktionsblock-konfigurierbarer Realzeit-Software für eingebettete Systeme vor, wie sie z.B. in Speicherprogrammierbaren Steuerungen verwendet wird. Regelungen und Steuerungen werden in diesem Fall nur noch durch Verbindungskonfigurierung und Parametrierung ausgetesteter Funktionsblöcke erstellt, mit wesentlichen Vorteilen gegenüber entsprechenden programmierten Versionen unter dem Aspekt der Fehlervermeidung [Hal93].

Moderne Speicherprogrammierbare Steuerungen basieren dabei nicht mehr auf der traditionell permanent zyklischen Programmbearbeitung, sondern auf dem Taskmodell eines Realzeit-Bestriebssystems, wie es auch in der Norm IEC 1131-3 [IEC93] vorgesehen ist, so daß es nahe liegt, diese Möglichkeit auch zur Integration wirtschaftlicher Fehlertoleranz in diese Systeme zu nutzen.

In diesem Beitrag werden Möglichkeiten zur Einhaltung der Zeitbedingungen  von Tasks bei der Integration wirtschaftlicher Fehlertoleranz in Funktionsblock-konfigurierbaren Feldstationen unter problemorientierten Gesichtspunkten diskutiert und entsprechende Lösungen vorgeschlagen. Als Grundlage dient die „PEARL-SPS" [Wel92], eine Speicherprogrammierbare Steuerung, deren System-Software auf der Basis von PEARL entworfen wurde. Die System-Software der PEARL-SPS zeichnet sich hierbei besonders durch eine weitgehende Transparenz und Offenheit sowohl bzgl. des Entwurfs als auch der Nachvollziehbarkeit aus, was Erweiterungen bzw. Modifikationen entsprechend erleichtert bzw. überhaupt erst ermöglicht [Thi95].

## 1.3 Verifikations-Szenario

Als typisches Beispiel für vertretbare Leistungsminderung dient ein in modernen Automatisierungssystemen zum Standard gehörender adaptiver Regler, der im „Sparmodus" ohne Parameteradaption arbeitet. Ein ähnliches Beispiel, bei dem die Adaptionsebene dezentralisiert entworfen ist, wurde in [Män87] angegeben. Obwohl die Konfigurierung dezentraler kooperierender Tasks auch in der PEARL-SPS vorgesehen ist und bei Steuerungs-Tasks erprobt wurde [Bee94, Thi95], soll diese Ausprägung des Beispiels hier nicht verfolgt werden, da durch die Task-Verteilung die vertretbare Leistungsminderung nicht gekoppelt mit einem „Sparmodus" einhergeht.

In Bild 1 ist das Funktionsblock-Diagramm (FBD) des hier für die Verifikation wirtschaftlicher Fehlertoleranz beispielhaft verwendeten adaptiven Reglers angegeben. Die genaue Beschreibung der Funktionsblöcke, insbesondere des RLS-Blocks (Parameterschätzung mittels der Methode „Rekursive Kleinste Quadrate" mit Vergessensfaktor $\lambda$) und des BOP-Blocks (Online-Verallgemeinerung des Regler-Entwurfs nach dem Betragsoptimum [Pre92]), sind dem Handbuch der PEARL-SPS zu entnehmen.

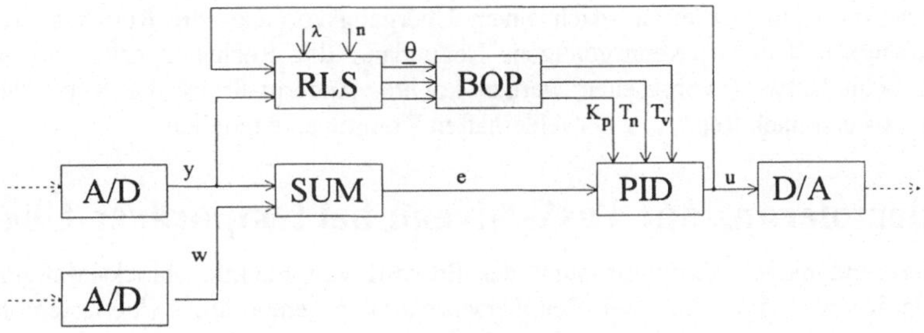

**Bild 1: Funktionsblock-Diagramm zum Verifikations-Beispiel**

# 2 Konzepte zur Fehlerbehandlung

Zur Fehlerbehandlung bei der Integration wirtschaftlicher Fehlertoleranz gibt es grundsätzlich zwei Strategien: lokale Fehlerbehandlung durch die betroffene Task selbst oder, etwa bei Stationsausfall, Rekonfigurationsmaßnahmen im Rahmen der Möglichkeiten des verteilten Automatisierungssystems. Bei transienter Überlast kann man für lokale Maßnahmen die in modernen Realzeit-Sprachen vorgesehene Möglichkeit der Ausnahme-(Exception-) Behandlung nutzen, etwa um Zeitüberschreitungen durch vertretbare Leistungsminderung („graceful degradation") entgegenzuwirken. Typische Ausnahmen sind das Nichteinhalten von Rechtzeitigkeits-Forderungen durch Tasks, z.B. das Überschreiten vorgegebener Deadlines („Deadline-Missing") bzw., als Verallgemeinerung hiervon, das nicht rechtzeitige Erreichen von Checkpoints [Fre94] („Checkpoint-Late"), sowie der nicht erfolgreiche Zugriff auf die Prozeß-E/A (z.B. „Sensor-Error"). In diesem Kapitel werden die Möglichkeiten des Einsatzes von Ausnahmebehandlungen, die weitgehend problemspezifisch sind, diskutiert.

Neben den Ausnahme-Mechanismen wird in [Hal92] eine Verallgemeinerung des Task-Konstrukts auf alternative Ausführungsteile mit abgestufter Rechenzeit vorgeschlagen, die je nach Lastsituation von der Realzeit-Verwaltung ausgewählt werden und so bei einer transienten Überlast dazu beitragen, die Stabilität des Realzeit-Systems, d.h. das Einhalten der Zeitbedingungen der kritischen Tasks [But95], ggf. bei vertretbarer Leistungsminderung, sicherzustellen.

Alle bisher diskutierten Ansätze sind ihrem Ziel nach so angelegt, daß die betroffenen Tasks nach Verschwinden der temporären Überlast wieder „automatisch" in den Normalmodus zurückgeführt werden, um ggf. auch wieder die volle Leistungsfähigkeit zu erreichen. Dies ist etwa im Falle des adaptiven Reglers auch erforderlich, um z.B. bei einer zeitvariablen Regelstrecke die Parameter erneut zu adaptieren. Diese Situation liegt auch dann vor, wenn für die Beschreibung einer nichtlinearen Regelstrecke ein zeitvariables lineares Modell verwendet wird.

Falls die Ursache der Überlast noch nicht beseitigt ist, würde bei Rückkehr in den Normal-modus wiederum die Ausnahmebehandlung greifen. Um das hierdurch mögliche instationäre Verhalten der Realzeit-Software infolge eines Fehlers zu vermeiden, werden, falls die Ausnahme-Situation ständig wiederkehrt, nach einer bestimmten Zeit Maßnahmen erforderlich, die zur Behandlung permanenter Überlast geeignet sind in dem Sinne, daß sie das Realzeit-Software-System erneut in einen stabilen Zustand überführen.

Als weitere Stufe möglicher Fehlertoleranz-Maßnahmen kann hier eine Rekonfiguration des Taskszenarios unter Nutzung der in verteilten Automatisierungssystemen potentiell vorhandenen Redundanz eingeleitet werden, wie dies z.B. auch bei Ausfall einer Feldstation erforderlich ist. Auch hierbei ist -nach einem Übergangsvorgang- die Rückkehr zur vollen Leistungsfähigkeit denkbar, wenn genügend Redundanz, d.h. Rechenkapazität, wirtschaftlich vertretbar beim Entwurf vorgesehen werden konnte. Andernfalls ist die Rückkehr in den Normalmodus erst nach Reparatur der fehlerhaften Komponente möglich.

# 3 Fehlertoleranz auf Task-Niveau bei temporärer Überlast

Im Vordergrund dieses Abschnitts steht der Entwurf von Funktionsblock-konfigurierbaren Tasks, die in der Lage sind, bei Zeitüberschreitungen temporären Überlasten im Sinne wirtschaftlicher Fehlertoleranz entgegenzuwirken.

## 3.1 Ursachen temporärer Überlast

Wird z.B. fehlertolerantes Verhalten bei Sensorenausfall durch Ausnahmebehandlung beim Zugriff auf einen defekten Sensor, etwa durch Einsatz eines Funktionsblock-konfigurierten Beobachters, erreicht, so muß hierzu i.a. eine größere Rechenzeit der Task in Kauf genommen werden. Diese bleibt bis zur Reparatur des Sensors bestehen und kann so zu temporärer Überlast führen.

Eine temporäre Überlast kann aber auch bei einem Interrupt-Stau entstehen, z.B. wenn die sporadischen Ereignisse, auf die die Steuerungstasks eingeplant wurden [Bee92], zeitweise sehr gehäuft eintreten und die betroffene Station durch Übernahme der Aufgaben anderer Stationen bereits ausgelastet ist.

## 3.2 Funktionsblock-konfigurierbare Tasks

Als eine bedeutende Fehlertoleranz-Maßnahme bietet sich bei konfigurierbaren Reglern an, je nach Eintrittsort einer Deadline-Überschreitung die noch zu bearbeitenden Funktionsblöcke nach Möglichkeit in einem „Sparmodus" [Weh94] abzuarbeiten, um somit die noch benötigte Rechenzeit so weit wie möglich zu reduzieren.

Prinzipiell ist es z.B. auch möglich, daß sich eine betroffene Task selbst auf eine größere Abtastperiode neu einplant [Mar94], allerdings wäre hierzu in der Ausnahmebehandlung die Verwendung von Tasksteuerungs-Anweisungen erforderlich. Hierdurch wird jedoch die Freiheit der Funktionsblock-Wahl beeinträchtigt, da i.a. mit der Neueinplanung auch eine problembedingte Re-Parametrierung notwendig wird. Aus diesem Grunde eignen sich Neu-Einplanung / Re-Parametrierung von periodischen Tasks weniger als Task-lokale Maßnahme und mehr als Fehlertoleranz-Maßnahme von der Leitebene aus.

Die Verwendung von Milestones bzw. Checkpoints erfordert i.a. eine problemorientierte Anpassung der Regelungstask [Dix90] und würde damit deren Allgemeinheit und somit den System-Software-Entwurf zu sehr einschränken [Bee97]. Auf der anderen Seite würde eine Verallgemeinerung des Entwurfs auf Tasks mit alternativen Ausführungsteilen eine Parametrierbarkeit von deren Anzahl, vor allem aber eine Attributierung der Task-Einplanung zum Start um vorgegebene Ausführungszeiten [Bee97] entsprechend der Attributierung der Task-Prioritätsangabe [PEA95] nach sich ziehen.

Aus diesen Gründen wird hier zunächst eine Möglichkeit der Integration von Fehlertoleranz in konfigurierbare Systeme vorgeschlagen, die mit der Möglichkeit der Ausnahmebehandlung, wie sie in der PEARL-Norm [DIN96] vorgesehen ist, auskommt, allerdings unter Erweiterung der Task-Deklaration und -Einplanung um ein Deadline-Attribut, wie es auch für die Erweiterung von PEARL für „Deadline-Scheduling" vorgeschlagen wurde [Hil88]. Auf diese Weise kann der Übergang zum Sparmodus als Ausnahmebehandlung Funktionsblock-spezifisch entworfen und damit offen bezüglich des Funktionsblock-Bibliothek-Moduls in das konfigurierbare System integriert werden.

## 3.3 Fehlertoleranz bei Deadline-Überschreitungen von Tasks

### 3.3.1 Voraussetzungen für den Re-Entwurf

Bei der diesem Aufsatz zugrundeliegenden Realzeit-Software für Funktionsblock-konfigurierbare Regelungen und Steuerungen wurde eine echte Online-Konfigurierung dadurch erreicht, daß die entsprechenden Tasks mit parametrierbarer Aufruffolge der Funktionsblock-Prozeduren entworfen werden. In Bild 3 ist der Grob-Entwurf einer solchen Task als Struktogramm [Thi93] angegeben. Erweiterungen zur Fehlertoleranz müssen auf Task-Ebene allgemeingültig sein, während die Funktionsblöcke, entsprechend ihrer Aufgabe, zur Erweiterung um einen Sparmodus problemorientiert reentworfen werden können. Der Sparmodus kann z.B. bedeuten, daß die Ausführung entsprechender Funktionsblock-Prozeduren im wesentlichen nur noch aus dem Rücksprung besteht, d.h. daß diese Funktionsblöcke bei der Abarbeitung des Task-Ausführungsteils „ausgelassen" werden. Dies ist für die essentiellen Funktionsblöcke natürlich nicht möglich. Im Beispiel nach Abschnitt 1.3 ist der Sparmodus nur für den Funktionsblock zur Parameterschätzung (RLS) und den zum Regler-Entwurf (BOP) bei langsam zeitveränderlichen Prozeß-Parametern möglich. Der Entwurf muß sicherstellen, daß jeweils nur Funktionsblöcke als ganzes in die Ausnahme-Behandlung so einbezogen werden, daß in jedem Fall zulässige Stellsignale von der Regelungs-Task berechnet und über die Prozeß-E/A auf die Strecke gegeben werden.

### 3.3.2 Ausnahme-Mechanismen

Zur Integration von Fehlertoleranz mittels Ausnahmebehandlung unter Nutzung von Sparmodi entsprechender Funktionsblöcke erweist sich das in den Realzeit-Sprachen Ada und zunächst auch in PEARL 90 vorgesehene „Beendigungsmodell", bei dem die Task nach der Ausnahmebehandlung beendet wird, als nicht geeignet. Besser ist es, nach einem Vorschlag in [Fre95] nur eine Fehlervariable beim Eintreten der Ausnahme zu setzen und im Sinne eines „Fortsetzungsmodells" die Ausführung der Task dann an der entsprechenden Stelle des regulären Ausführungsteils wieder fortzusetzen, um ggf. „alternative Ausführungs-Pfade" zu durchlaufen. Das Argument, damit würden reguläre Task-Ausführung und Ausnahmebehandlung wieder in unstrukturierter Weise miteinander „vermischt", dem der Ausnahme-Mechanismus ja entgegenwirken solle, kann bei Funktionsblock-konfigurierbaren Tasks dadurch weitgehend entkräftet werden, daß die Ausnahmebehandlung jeweils auf die Funktionsblöcke beschränkt bleibt. Auf der anderen Seite kann nur so verhindert werden, daß Funktionsblöcke am Ende der Rechenfolge, die problembedingt nicht „ausgelassen" werden dürfen, durch Terminierung der Task nicht mehr zur Ausführung kommen. Auch ist die Verlagerung der Ausführung alternativer Pfade in den Ausnahme-Handler bei Verwendung des Beendigungsmodells nicht möglich, da die Pfadauswahl vom Ort des Eintretens der Ausnahme abhängt. Hierzu wäre ein Checkpoint-Mechanismus erforderlich, wodurch die Task-Struktur, wie bereits in Abschnitt 3.2 angesprochen, nicht mehr problemunabhängig entworfen werden könnte. Vor diesem Hintergrund werden im folgenden Unterabschnitt beispielhaft Re-Entwürfe für Regelungstasks und Funktionsblock-Prozeduren angegeben.

### 3.3.3 Re-Entwurf zur Integration von Fehlertoleranz

In Bild 2 ist die Auswirkung einer „DeadlineMissing"-Ausnahmesituation veranschaulicht, wenn diese während der Bearbeitung des RLS-Funktionsblocks eintritt. Nachdem die Variable „Fehler" als eingeplante Ausnahmereaktion von der Realzeit-Verwaltung auf einen Wert >0 gesetzt wurde, erfolgt zunächst die Fortsetzung der Ausführung des RLS-Funktionsblocks. Bei der Bearbeitung des Folge-Funktionsblocks, hier der BOP-Funktionsblock, wird an dessen Anfang der aufgetretene Fehler erkannt und der BOP-Funktionsblock und in der Folge auch alle weiteren Funktionsblöcke, die über „Sparmodi" verfügen, im „Sparmodus" ausgeführt. Folge-Funktionsblöcke, die über keine Sparmodi verfügen (z.B. der PID- und der D/A-Funktionsblock), sind von der Fehlervariable unabhängig entworfen.

Damit können harte Realzeit-Bedingungen allerdings nur annähernd eingehalten werden. Gegebenenfalls kann aber durch Entwurf einer alternativen zulässigen Rechenfolge, bei der z.B. alle Funktionsblöcke ohne „Sparmodi" vor denen mit „Sparmodus" bearbeitet werden, eine harte Deadline wenigstens näherungsweise eingehalten werden.

Ein zunächst verbleibendes Problem bei der Verwendung von PEARL 90 in Erweiterung um den Vorschlag von L. Frevert besteht darin, daß die Einplanung der Ausnahmebehandlung (ON) erst zur Laufzeit wirksam wird, was die Task-lokale Behandlung einer „DeadlineMissing"-Ausnahme, die eintritt, wenn die ON-Anweisung noch nicht ausgeführt ist, scheitern läßt [Fre94]. Sicherer ist deshalb die implizite Einplanung der Ausnahmebehandlung bereits dann, wenn die Task erstmalig lauffähig wird, wie dies beim Ada-Ausnahmemodell der Fall ist, dann allerdings dort in Verbindung mit der Semantik des Fortsetzungs-Modells. Der Entwurf der Regler-Task nach Bild 3 trägt dem durch Einführung eines „Exception"-Abschnittes, der der Ada-Syntax nachempfunden ist, Rechnung.

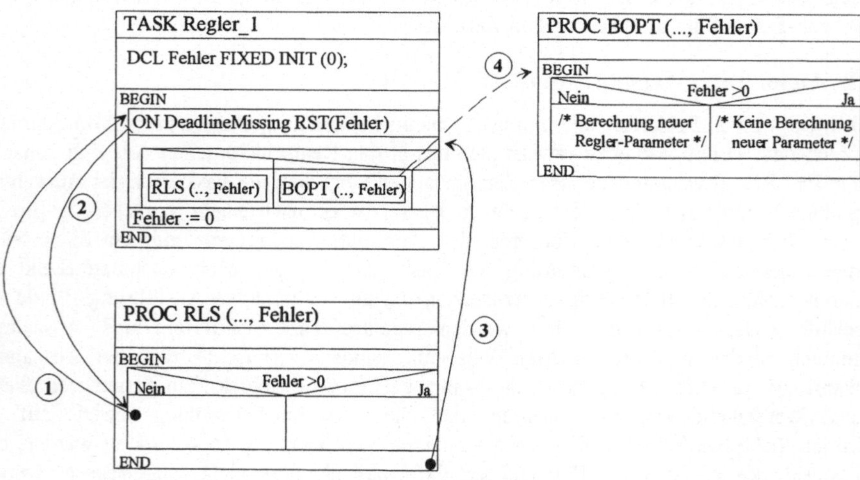



**Bild 2: Auswirkung einer „DeadlineMissing" Ausnahmesituation**

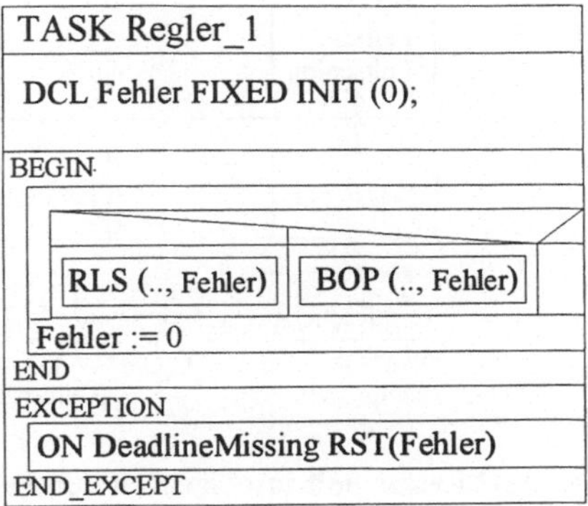



**Bild 3:   Task Re-Entwurf mit Exception-Abschnitt**

# 4 Rekonfiguration des Taskszenarios

Das Ziel von Maßnahmen zur Rekonfiguration des Taskszenarios ist es, die potentielle Redundanz in verteilten Automatisierungssystemen derart zu nutzen, daß z.B. bei Ausfall einer Feldstation, die Ausführung der Regelungs- /Steuerungs-Tasks auf die verbleibenden Feldstationen neu verteilt werden und somit die Funktionsfähigkeit des Gesamtsystems, wenn auch evtl. mit verminderter Leistungsfähigkeit (graceful degradation), erhalten bleibt.

Um Rekonfigurationen in verteilten Automatisierungssystemen durchführen zu können, sind einige Voraussetzungen bzgl. der Hard- und Software-Komponenten, wie z.B. der Architektur des Rechner-Netzwerkes und der Fehlerdetektions-Mechanismen, zu erfüllen.

Eine unabdingbare Forderung ist ebenfalls eine für den Anwender möglichst transparente Beschreibungsform für die im Fehlerfall durchzuführenden Rekonfigurationen.

## 4.1 Voraussetzungen für Rekonfigurationsmaßnahmen

Bei steigender Leistungsfähigkeit der in eingebetteten verteilten Automatisierungssystemen eingesetzten μ-Computer-Systeme und der diese verbindenden Kommunikations-Systeme sind potentiell die Hardware-Voraussetzungen zum Aufbau von fehlertolerierenden Automatisierungssystemen vorhanden. Von entscheidender Bedeutung ist hierbei die Möglichkeit des Einsatzes intelligenter Sensoren/Aktoren, die über digitale Kommunikationsnetze (Feldbusse) mit den Feldstationen verbunden sind. Durch die digitale Übertragung der Daten wird eine erhebliche Verringerung der Empfindlichkeit gegenüber Störungen erreicht und gleichzeitig der Verkabelungsaufwand minimiert. In Bild 4 ist exemplarisch die Rechner-Architektur eines solchen Automatisierungssystems dargestellt.

Der dargestellte Aufbau erweist sich jedoch unter dem Aspekt, daß auch der Ausfall einer Feldstation tolerierbar sein soll, dahingehend als sehr nachteilig, daß die noch verbleibenden intakten Feldstationen bei der Übernahme der Regelungs-/Steuerungstasks keinen Zugriff auf die der ausgefallenen Station zugeordnete Prozeß-E/A haben. Aus diesem Grund ist insbesondere die Bus-Architektur entsprechend der in Bild 5 dargestellten Form zu modifizieren, so daß alle Feldstationen über ein gemeinsames Feldbussystem auf alle Sensoren/Aktoren zugreifen können. Im Unterschied zu der in Bild 4 dargestellten Architektur ist beim Entwurf der Tasks zu berücksichtigen, daß sich bei der modifizierten Architektur alle Feldstationen den Feldbus „teilen" müssen und damit das „Bus-Scheduling" z.B. die zulässige Abtastfrequenz einer Regler-Task beeinflußt [Bee97].

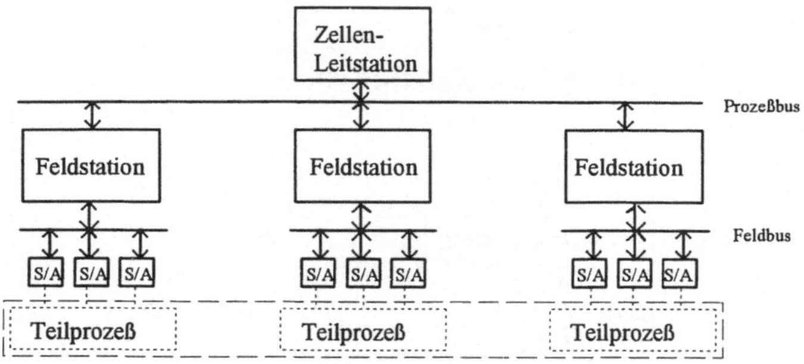

**Bild 4:   Rechner-Architektur mit intelligenten Sensoren/Aktoren**

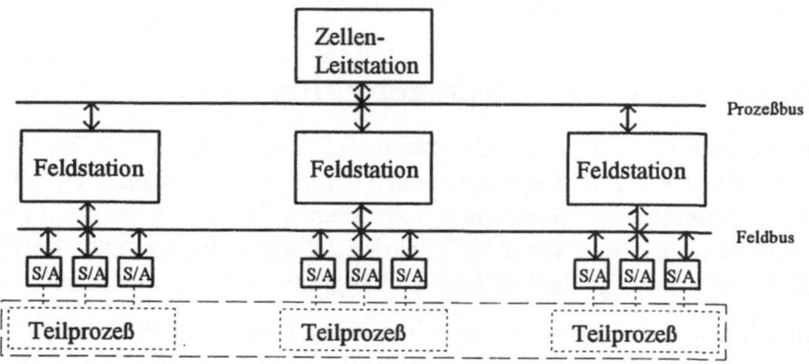

**Bild 5:   Rechner-Architektur mit gemeinsamem Feldbus**

Neben den zuvor diskutierten notwendigen Hardware-Voraussetzungen sind auch einige Software-Rahmenbedingungen zu erfüllen, um Rekonfigurationen in verteilten Automatisierungssystemen durchführen zu können. Eine wesentliche Anforderung ist, daß im Falle der „Verlagerung" einer Task von einer überlasteten oder ausgefallenen Feldststion auf eine funktionsfähige Station auf dieser noch genügend Rechenkapazität vorhanden sein muß, d.h. daß für die Auslastung U des Prozessors (U≡Utilisation) der Zielstation $U < 1$ gelten muß. Da die Abarbeitung der Programmbausteine (Tasks) bei konventionellen Speicherprogrammierbaren Steuerungen permanent zyklisch erfolgt und somit dort die Prozessorauslastung prinzipiell identisch eins ($U = 1$) ist, haben diese Geräte keine potentielle Redundanz. Wird, im Gegensatz zu den konventionellen Steuerungen, die Organisation der Abarbeitung von Programmbausteinen von einem Realzeit-Betriebssystem übernommen, so ist potentiell, allein durch eine Interrupt-Einplanung der Steuerungs-Tasks, eine erhebliche Rechenzeit-Ersparnis möglich ($U << 1$) [Bee94]. Die so „gewonnene" Rechenkapazität steht somit für notwendige Rekonfigurationsmaßnahmen zur Verfügung.

Entscheidend für die Einleitung von Rekonfigurationsmaßnahmen ist nicht nur das frühzeitige Erkennen von Fehlern, wie z.B. die permanente Überlast einer Feldstation, sondern auch eine möglichst schnelle Benachrichtigung der die Rekonfigurationsmaßnahmen koordinierenden Station, etwa der Zellen-Leitstation. Wird ein „Token-passing-Protokoll" (gemäß ISO 8802.4 [ISO90]) zur Steuerung des Buszugriffs verwendet, bietet es sich an, das zur Token-Weitergabe durch die sendeberechtigte Station an die im logischen Ring folgende Station verwendete Protokoll um eine Statusmeldung zu erweitern [Bee97]. Die Status-Meldung, die im Fehlerfall einen Fehlercode enthält, wird damit zum frühest möglichen Zeitpunkt nach dem Auftreten eines Fehlers für die Leitstation erkennbar. Als besonders vorteilhaft erweist sich hierbei die Verwendung eines Bussystems, weil gesendete Nachrichten im Sinne eines „broadcastings" von jeder beteiligten Station empfangen werden können. Damit ist für jede Station der Zustand des Gesamt-Systems an Hand der Status-Meldungen transparent.

## 4.2 Wann wird Rekonfiguration erforderlich?

Ziel der Fehlertoleranz-Maßnahmen muß es u.a. sein, die Stabilität der Automatisierungs-Software zu sichern bzw. deren Stabilität wieder herzustellen. Eine der ersten Maßnahmen in diesem Zusammenhang ist die Rückführung von Ausnahmessituationen in den Normalmodus. Falls es in einer Station zu permanenten Ausnahmebehandlungs-Maßnahmen kommt, weil kein stationslokaler Ausgleich möglich ist, so muß als weitergehende Stabilisierungs-Maßnahme, z.B. eine Neueinplanung auf eine größere Regler-Abtastperiode, von der Leitstation aus eingeleitet werden.

Allgemein gilt, daß Ausnahme-Modi nicht permanent auftreten dürfen. Typisches Beispiel hierfür ist der adaptive Regler, bei dem die im Ausnahmemodus „abgeschaltete" Adaption bei langsam zeitveränderlichem Prozeß wieder baldmöglichst zugeschaltet werden muß. Aber selbst dann, wenn die Ausnahmesituation stationslokal kompensiert werden kann, ist eine Rückführung der Tasks in ihren ursprünglichen Ausführungsmodus durch Rekonfiguration anzustreben unter der Voraussetzung, daß die hierfür notwendige Redundanz zur Verfügung steht.

## 4.3 Wissensbasierte Rekonfiguration

In Abhängigkeit von Fehlerzuständen des Automatisierungssystems als logische Verknüpfung jeweiliger Fehlerzustände der einzelnen Feldstationen selbst, oder der von ihnen erkannten Fehler der intelligenten Prozeßperipherie, kann die Leitstation aufgrund einer geeigneten Wissensbasis Rekonfigurationsmaßnahmen einleiten. Wird z.B. bei einem Token-Bus-Protokoll die jeweilige Fehlerinformation über den Prozeßbus an den weitergesendeten Token „angehängt", so kann die Leitstation spätestens nach einem Token-Umlauf nach Auftreten des Fehlers diesen erkennen und entsprechend reagieren, wenn sie das Weiterreichen des Tokens jeweils mit verfolgt [Jan95, Bee97].

Die Abspeicherung des Wissens über einzuleitende Rekonfigurationsmaßnahmen kann transparent unter Anlehnung an den „Configuration"-Abschnitt der Mehrrechner-PEARL Architekturbeschreibung erfolgen. Allerdings wurde bei dem diesem Beitrag zugrunde liegenden Automatisierungssystem davon ausgegangen, daß die für Rekonfigurations-maßnahmen in Frage kommenden „Collections" bereits zur Initialisierungsphase auf die entsprechenden Feldstationen geladen werden, so daß in Echtzeit im wesentlichen nur Tasks ausgeplant und neu eingeplant werden müssen. Diese Vorgehensweise ist transparent, wenn alle Einplanungen zum Start, auch in der initialen Konfigurationsphase, von der Leitstation aus erfolgen.

Das Problem des Datenaustauschs bzw. der Synchronisierung von kooperiernden Tasks, die nach Rekonfiguration zu „Collections" gleichen Namens auf unterschiedlichen Stationen gehören können, kann in konfigurierbaren Tasks durch Verwendung von Kommunikations-Funktionsblöcken in Anlehnung an Mehrrechner-PEARL und eine passende jeweilige Reparametrierung dieser Funktionsblöcke gelöst werden.

Bei Rekonfigurationsmaßnahmen als Folge von Überlast ist „Stoßfreiheit" prinzipiell ebenfalls durch Reparametrierung erreichbar, wenn die Leitstation die Möglichkeit hat, die aktuellen Parameter eines Funktionsblocks einer zu „verlagernden" Task abzufragen, was bei Stationsausfall allerdings i.a. nicht mehr gegeben ist.

<table>
<tr><td>

```
  .
  .
STATION_01
  .
  .
Regler_1.Status == permanente Überlast
BEGIN
   PREVENT
   TERMINATE
   SCHEDULE
   OLD
   Station_02   /* Redundante Station */
   Regler_1     /* Redundante Task */
END
  .
  .
```

</td><td>

```
  .
  .
STATION_01
  .
  .
Regler_1.Status == temporäre Überlast
BEGIN
   SCHEDULE
   ALL 2.4 SEC ACTIVATE
   Station_01   /* Station */
   Regler_1     /* Task */
END
  .
  .
```

</td></tr>
<tr><td align="center">a)</td><td align="center">b)</td></tr>
</table>

**Bild 6: Beispiele zur Beschreibung der Rekonfigurationsmaßnahmen bei permanenter a) und bei temporärer Überlast b)**

In Bild 6 ist beispielhaft die Syntax des auf der Leitstation hinterlegten Wissens über die in Fehlersituationen durchzuführenden Rekonfigurationsmaßnahmen veranschaulicht. In Beispiel 1 wird im Falle permanenter Überlast die Ausführung einer Reglertask mit ungeändertem Einplanungsvorsatz von STATION_01 auf STATION_02 „verlagert". In Beispiel 2 wird eine Reglertask bei temporärer Überlast mit vergrößerter Abtastperiode (neuer Einplanungsvorsatz) auf der selben Station (STATION_01) neu gestartet.

Im Unterschied zu Mehrrechner-PEARL werden in Bild 6 die Status-Bezeichner „ausgelagert", um alle Rekonfigurations-Regeln, die die selbe Station betreffen, syntaktisch zusammenfassen zu können in Hinblick auf eine einfachere Regel-Inferenz.

## 5 Zusammenfassung und Ausblick

Im vorliegenden Beitrag werden Vorschläge zum Entwurf von wirtschaftlichen Fehlertoleranz-Maßnahmen in Funktionsblock-konfigurierbaren Feldstationen gemacht, die geeignet sind, die rechtzeitige Ausführung kritischer Tasks auch unter Überlastbedingungen sicherzustellen. Als Ausnahmebehandlung von Deadline-Überschreitungen werden Sparmodi auf Funktionsblock-Niveau verwendet. Durch wissensbasierte Rekonfiguration von der Leitstation aus kann kurzfristig eine Rückführung in den Normalmodus z.B. durch Re-Einplanung anderer periodischer Tasks auf eine größere Abtastperiode oder durch Nutzung alternativer Task-Ausführungsteile vorgenommen werden. Mittelfristig kann anschließend unter Nutzung der potentiellen Redundanz des verteilten Automatisierungssystems versucht werden, den ursprünglichen Ausführungs-Modus wieder herzustellen.

In Folgearbeiten soll diese Vorgehensweise auf moderne nichtlineare Regelungskonzepte, z.B. Fuzzy-Regelungen, erweitert werden, die eine wachsende Rolle bei der Führung kritischer Prozesse spielen und bei denen erhöhte Anforderungen an die Zuverlässigkeit bei wirtschaftlich vertretbarem Aufwand unverzichtbar sind.

# 6 Literaturverzeichnis

[Ada95]  Ada 95 (1995).
Ada 95 Reference Manual.
Intermetrics, Inc., Cambridge, Mass.

[Bee92]  Beestermöller, H. J., Trost, J. (1992).
Erweiterung eines PEARL-basierten Automatisierungsgeräts zur blockorientierten
Konfigurierung konkurrierender Regler- und Steuer-Tasks.
Diplomarbeit, IAT, Universität Bremen.

[Bee94]  Beestermöller,H. J., Thiele, G., Balcke, I., Trittin, T., Popovic, D. (1994).
An online and offline programmable Multi-Loop Controller for Distributed-Systems.
In Proc.: 3rd IEEE Conference on Control Applications. Glasgow, 24.-26. August
1994, Vol. 1, pp. 15-20.

[Bee97]  Beestermöller, H. J., (1997).
Software-Fohlertoleranzverfahren für eingebettete verteilte
Automatisierungssysteme.
Dissertation, Universität Bremen, Institut für Automatisierungstechnik. (wird
veröffentlicht).

[But95]  Buttazo, G. C., Stankovic, J. A. (1995).
Adding Robustness in dynamic preemptive Scheduling.
In Fussel, D. S., Malek, M. (Eds.): Responsive Computer Systems: Steps toward
Faul-tolerant Real-Time Systems. Kluwer Academic Publishers, pp. 67-88.

[DIN89]  DIN 66253 (1989).
Programmiersprache PEARL, Teil 3: Mehrrechner PEARL.
Beuth-Verlag, Berlin.

[DIN96]  DIN 66253 (1996).
Programmiersprache PEARL, Teil 2: PEARL 90 (Entwurf).
Beuth-Verlag, Berlin.

[Dix90]  Dix, A., Stone, R., Zedan, H. S. M. (1990).
Design Issues for Reliable Time-Critical Systems.
In Zedan, H. S. M. (Ed.): Realtime Systems - Theory and Applications, North-
Holland, pp. 305-322.

[Fre94]  Frevert, L. (1994).
Gedanken zur Zeitüberwachung von PEARL-Tasks.
PEARL-News 2/94, Mitteilungen der GI-Fachgruppe 4.4.2, pp. 4-6.

[Fre95]  Frevert, L. (1995).
Kritik an der ON-Einplanung in PEARL 90.
Diskussionspapier der GI-Fachgruppe 4.4.2.

[Hal92]  Halang, W. A., Mangold, K. (1992).
Real-Time Programming Languages.
In Schiebe, M., Pferrer, S. (Eds.):Realtime Systems -Engineering and Applications.
Kluwer Academic Publishers, pp. 141-200.

[Hal93]  Halang, W. A., Jung, S.-H., Krämer, B.J., Scheepstra, J. J. (1993).
A safety licensable Computing Architecture.
World Scientific Publishing.

[Hil88]  Hilbert, Chr. (1988).
Deadline Scheduling in PEARL.
Proc. PEARL 88 Workshop über Realzeitsysteme, Boppard 1988, pp. 67-79.

[IEC93]   IEC 1131-3 (1993).
International Standard IEC 1131-3. Programmable Controllers-Part 3:
Programming Languages. First Edition.
Bureau Central de la Commission Electrotechnique Internationale, Genf, Schweiz.

[ISO90]   ISO 8802-4 (1990).
Information Processing Systems - Local Area Networks - Part 4: Token Passing Bus
Access Method and Physical Layer Specification.
IEEE Standards Press, New Jersey, USA.

[Kro87]   Kronawitter, G. (1987).
Ein systemtheoretisch begründetes Software-Konzept für eine fehlertolerierende
Multi-Mikrorechner-Automatisierungsstation.
IDEA-Verlag, Puchheim.

[Män87]   Mäncher, Hubert (1987).
Fehlertolerante dezentrale Prozeßautomatisierung.
Informatik Fachberichte 160, Springer-Verlag.

[Mar94]   Marlowe, T. J., Stoyenko, A. D., Masticola, S.P., Welch, L. R. (1994)
Schedulability-Analysable Exception Handling for Fault-Tolerant Real-Time
Languages.
Real-Time Systems, Vol 7, No. 2, Sept. 1994, pp.183-212.

[PEA95]   PEARL 90 (1995).
Sprachreport, Vers. 2.0. GI-Fachgruppe 4.4.2 "Echzeitprogrammierung, PEARL".
Gesellschaft für Informatik, Bonn.

[Preu92]  H.-P. Preuß (1992).
Fuzzy-Control - heuristische Regelung mittels unscharfer Logik.
Teil 1: pp. 176-184, atp 34 (4). Teil 2: pp. 239-246, atp 34 (5).
Oldenbourg-Verlag, München.

[Sto90]   Stoll, Jürgen (1990).
Fehlertoleranz in verteilten Automatisierungssystemen .
Informatik Fachberichte 236, Springer-Verlag.

[Thi93]   Thiele, G. (1993).
Software-Entwurf in PEARL-orientierter Form. Realzeit-Anwendungen aus der
Prozeßautomatisierung.
Teubner-Verlag.

[Thi95]   Thiele, G., Beestermöller, H. J., Renner, L., Dorno, M., Popovic, D. (1995).
Task-Configuration of a PEARL-based Programmable Controller for Process
Automation. In: Control Engineering Practice, Vol. 3, No. 6, Pergamon-Press ,
pp. 843-848.

[Weh94]   Wehler, A., Heidepriem, J. (1994).
Sicherung von Echtzeitbedingungen durch Task-Lastmanagement unter UNIX.
In P. Holleczek (Hrsg.): PEARL 94 Workshop über Realzeitsysteme. Informatik
Aktuell, Springer-Verlag, pp. 130-138.

[Wel92]   Welter, R., Thiele, G., Popovic, D., Wendland, E., Renner, L.,
Beestermöller, H. J., Trost, J. (1992).
PEARL-Implementierung eines konfigurierbaren und parametrierbaren
Automatisierungsgeräts.
In P. Holleczek (Hrsg.): PEARL 92 Workshop über Realzeitsysteme.
Informatik Aktuell, Springer-Verlag, pp. 108-124.

# Automatisierte Dosierung
# von metallischen Legierungen mittels
# kontinuierlich fördernder Pumpen


Th. Eymann, M. Polifke, E. Schmachtenberg, R. Tracht

Universität GH Essen

FB 12 Maschinenwesen

Schützenbahn 70

45127 Essen


## 1 Einleitung

Zur Herstellung von technischen Bauteilen aus Kunststoff mit komplizierter Innengeometrie werden verschiedene Fertigungsverfahren eingesetzt. Wenn hohe Maßhaltigkeit und gute Oberflächenqualität verlangt wird, benutzt man meist einen Spritzgießprozeß mit verlorenem Kern.

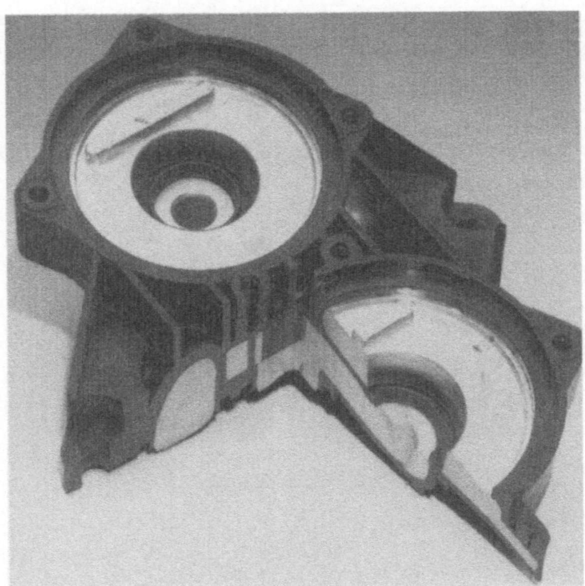

Abb. 1 : Gehäuse einer Heißwasserpumpe mit Kern (Werkbild : IKM, Essen)

Ein Verfahren dieser Art ist das Schmelzkernverfahren. Dabei wird ein metallischer Kern in einer Spritzgießmaschine mit Kunststoff umgossen. Die Oberfläche des Kerns bildet die Innenkontur des Formteils. In einem anschließenden Verarbeitungsschritt wird dann der Kern ausgeschmolzen. Das Kernmaterial kann somit für die Herstellung weiterer Kerne genutzt werden. Ein Beispiel für ein Kunststoffteil mit einem umspritzten Schmelzkern ist in Abbildung 1 dargestellt.

Die Herstellung der Kerne erfolgt nach dem Niederdruck-Gießverfahren in einer Maschine mit Schmelzebehälter, Schmelzedosierung und Schließeinheit für das Kerngießwerkzeug [1]. Die Qualität der Kernoberfläche und damit der Innenkontur des Kunststoffteils hängt wesentlich davon ab, wie schnell die Kavität des Kerngießwerkzeugs gefüllt wird. Ziel ist es daher, den Füllvorgang so zu beeinflussen, daß eine möglichst einwandfreie Kernoberfläche entsteht. Außerdem soll die Dosierung so automatisiert werden, daß die Kernherstellung ohne äußere Eingriffe möglich ist.

Im nächsten Abschnitt wird die Kerngießanlage kurz vorgestellt. Es werden dann die Anforderungen, die eine Anlagensteuerung erfüllen muß, untersucht. Das ausgewählte Automatisierungskonzept wird erläutert. Abschließend werden Ergebnisse vorgestellt und diskutiert.

## 2 Die Kerngießanlage

Als Kernmaterial wird eine Zinn-Wismut-Legierung mit einem Schmelzpunkt von 138 °C verwendet. Dieses Material besitzt den Vorteil, daß es beim Erstarren nur geringfügig schrumpft.

Die Anlage besteht im wesentlichen aus den drei Teilsystemen Schmelzebehälter, Dosiereinheit und Kerngießwerkzeug (Abbildung 2).

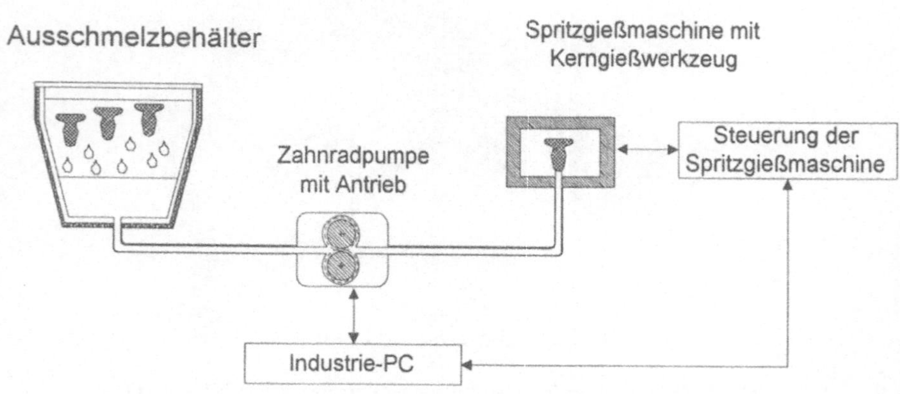


Abb. 2 : Kerngießanlage

Der Schmelzebehälter ist ein beheizter Vorratsbehälter für die geschmolzene Metall-Legierung mit einer eigenen Temperaturregelung. Die Temperatur steht als analoges Signal zur Verfügung und muß überwacht werden. An der Oberfläche der Schmelze sammeln sich Verunreinigungen an, die keinesfalls in die Dosiervorrichtung gelangen dürfen, da sonst Schäden verursacht werden. Als weitere Größe muß daher der Füllstand im Schmelzebehälter überwacht werden. Das Ablaßventil am Behälterboden muß geschlossen werden, sobald der Füllstand einen Minimalwert unterschreitet.

Die Dosiereinheit besteht aus einem Servomotor, der eine Zahnradpumpe antreibt. Beim Servomotor handelt es sich um einen Drehstrommotor mit integrierter Umrichtereinheit und Drehzahlregelung. Der Motorstrom und die Drehzahl stehen als Meßgröße zur Verfügung. Die von dem Servomotor angetriebene Zahnradpumpe fördert einen zur Drehzahl proportionalen Volumenstrom. Die Dosiereinheit gestattet die gezielte Beeinflussung des Füllvorganges. Der herzustellende Kern wird mit einem Kerngießwerkzeug gefertigt, das sich von einem konventionellen Spritzgießwerkzeug nur durch die Angußposition unterscheidet. Beim Kerngießwerkzeug erfolgt der Anguß nicht zentral, sondern von unten, um den Füllvorgang günstig zu beeinflussen. Nach Beendigung des Füllvorgangs muß gewartet werden bis der Kern erstarrt ist. Das Werkzeug kann dann geöffnet und der fertige Kern entnommen werden.

Bevor der Füllvorgang beginnt muß absolut sicher gestellt sein, daß das Kerngießwerkzeug geschlossen ist. Ein entsprechendes Signal für die Überwachung steht zur Verfügung.

## 3 Anforderungen an die Automatisierung der Kernherstellung

Der wichtigste Gesichtspunkt für den Entwurf des Steuerungssystems ist die Sicherheit und Zuverlässigkeit der Anlage. Ein plötzlicher Druckabfall im Schmelzeschlauch hinter der Zahnradpumpe muß ebenso sicher erkannt werden, wie ein nicht vollständig geschlossenes Kerngießwerkzeug. Beides muß zur sofortigen Unterbrechung der Förderung der heißen Schmelze führen, um eine Gefährdung des Bedienpersonals auszuschließen. Diese Überwachungsaufgabe muß die höchste Priorität besitzen.

Wie bereits erwähnt, können bei zu niedrigem Füllstand im Schmelzebehälter Verunreinigungen in die Zahnradpumpe gelangen und die Pumpe beschädigen. Auch in diesem Fall muß die Förderung unterbrochen werden. Schließlich muß rechtzeitig erkannt werden, wenn die Temperatur im Schmelzebehälter den zulässigen Bereich verläßt. Die Temperatur muß daher ebenfalls überwacht werden.

Im Normalbetrieb beginnt ein Fertigungszyklus mit dem Schließen des Werkzeugs und der Freigabe der Fertigung durch das Bedienpersonal. Im nächsten Schritt wird das Werkzeug gefüllt. Ziel ist es, die Füllgeschwindigkeit so zu beeinflussen, daß keine Strömungsturbulenzen entstehen, da dies zu Schuppenbildung an der Kernoberfläche führen kann. Der Kernquerschnitt kann sich in Abhängigkeit von der Füllhöhe im Werkzeug stark verändern. Der Volumenstrom muß daher über die Pumpendrehzahl entsprechend angepaßt werden. Da die Füllhöhe aus Kostengründen auch nicht indirekt über den hydrostatischen Druck gemessen werden kann, muß der Motorstrom als Regelgröße verwendet werden.

Wenn das Werkzeug gefüllt ist, steigt der Druck im Kerngießwerkzeug strak an. In einer Haltephase muß nun ein bestimmtes Druckniveau solange aufrecht erhalten werden, bis der Anguß versiegelt ist.

In einer Druckentlastungsphase wird nun die Schmelze im beheizten Schmelzeschlauch zurücktransportiert, um das Werkzeug nach dem Erstarren des Kerns gefahrlos öffnen zu können. Wie lange gewartet werden muß, bis der Kern entnommen werden kann, hängt von der Kerngeometrie ab.

Der oben beschriebene Prozeß kann als Ablaufkette aufgefaßt werden. Für die Durchführung der einzelnen Schritte sind einige Vorgaben wie z. B. Haltezeit und Haltedruck erforderlich, die vom herzustellenden Kern abhängen und durch das Bedienpersonal eingegeben werden müssen. Außerdem ist es für die Überwachung des Prozesses wünschenswert, daß angezeigt wird, in welcher Phase der Prozeß sich momentan befindet und welche Werte kritische Prozeßgrößen, wie z. B. die Temperatur im Schmelzebehälter und der Werkzeugzustand (offen oder geschlossen) besitzen. Schließlich muß der Herstellungsprozeß gestartet und unterbrochen werden können. Es muß also eine geeignete Bedienerschnittstelle bereitgestellt werden.

# 4 Das Automatisierungskonzept

In einem ersten Ansatz wurde für die Ablaufsteuerung eine speicherprogrammierbare Steuerung (SPS) eingesetzt. Es zeigte sich jedoch, daß für die kleinen und mittleren Serien, die mit der Anlage gefertigt werden sollen, diese Konfiguration aufgrund der mangelnden Flexibilität zu einem hohen Anpassungsaufwand bei Produktionsänderungen führte. Die SPS wurde daher durch einen Industrie-PC ersetzt.

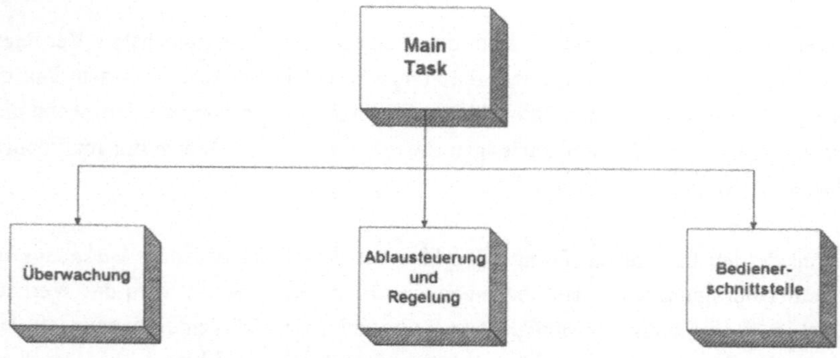


Abb. 3 : Strukturbaum der Main-Task

Für die Auswahl der Software war die Echtzeitfähigkeit und die Fähigkeit der parallelen Abarbeitung von Rechenprozessen Voraussetzung. Außerdem sollten die Programme selbstdokumentierend sein, da die Projektbearbeiter aus unterschiedlichen Fachgebieten kommen. Als Programmiersprache wurde daher PEARL gewählt [2,3]. Die in Abschnitt 3 vorgestellten Anforderungen können dann direkt als drei parallel zu bearbeitende Tasks formuliert werden: je eine Task zur Überwachung, zur Ablaufsteuerung und Regelung und für eine Bedienerschnittstelle (Abbildung 3).

Die **Überwachungstask** muß vier Aufgaben erfüllen. Eine erste  Aufgabe besteht in der Überwachung des Füllstandes des Schmelzbehälters. Als Eingangssignal steht dafür eine binäre Variable zur Verfügung, die anzeigt, ob ein minimaler Füllstand unterschritten wird. Als Reaktion muß dann das Ablaufventil geschlossen werden und die Pumpe angehalten werden. Außerdem muß über die Bedienerschnittstelle ein Alarm gemeldet werden. Eine weitere Aufgabe besteht in der Kontrolle des Kerngießwerkzeuges. Auch hier muß ein Schalter abgefragt werden und wie bei der Überwachung des Schmelzebehälters sichergestellt werden, daß keine heiße Schmelze mehr gefördert wird, um die Gefährdung des Bedienerpersonals unter allen Umständen zu vermeiden. Die Drucküberwachung kann nur indirekt über den Motorstrom und die Pumpendrehzahl erfolgen. Die entsprechenden Größen werden von der Task Ablaufsteuerung und Regelung zur Verfügung gestellt. Die Pumpenüberwachung soll eine Beschädigung der Pumpe durch fehlende Schmierung infolge zu geringer Drehzahl verhindern. Mit der Drehzahlüberwachung kann außerdem erkannt werden, ob die Pumpe blockiert. In der Abbildung 4 ist die Überwachungstask in Form eines Strukturbaumes wiedergegeben.

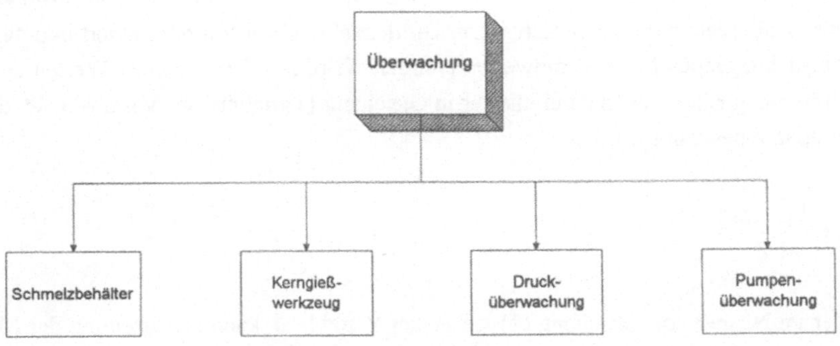


Abb. 4 : Strukturbaum  der Task Überwachung

Die Task **Bedienerschnittstelle** erlaubt die Interaktion mit dem Maschinenbediener. Sie ermöglicht dem Bedienpersonal Prozeßdaten einzugeben, die von der jeweiligen Kerngeometrie abhängen. Die Visualisierung des Prozeßzustandes und der Prozeßdaten sollen dem Bediener den momentanen Zustand des  Prozesses anzeigen. Mit der Bedienerschnittstelle werden im Störfall entsprechende Alarmmeldungen auf dem Bildschirm ausgegeben. Eine wichtige Aufgabe der Bedienertask ist die Freigabe der Kerngießanlage zur Produktion. Der Strukturbaum der Task Bedienerschnittstelle ist in Abbildung 5 dargestellt.

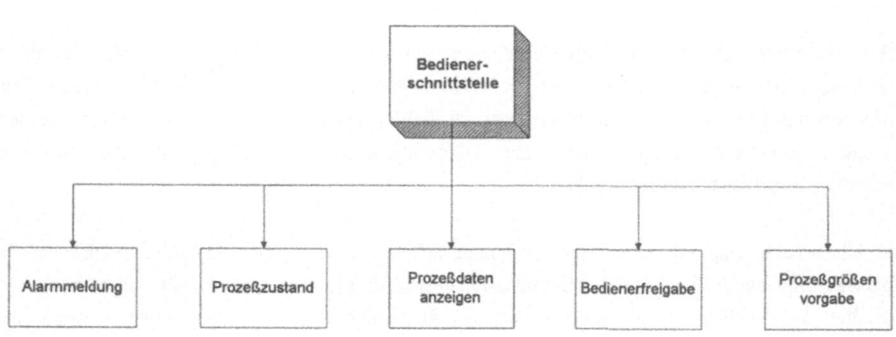



Abb. 5 : Strukturbaum der Task Bedienerschnittstelle

Die dritte der parallel abzuarbeitenden Tasks ist die Task **Ablaufsteuerung und Regelung** (Abbildung 6). Die Struktur dieser Task entspricht dem oben beschriebenen Herstellungsprozeß eines Kernes. Falls die Bedienerfreigabe erfolgte und die Überwachungstask keinen Fehler festgestellt hat, wird das Hauptschütz freigegeben. Falls die Werkzeugüberwachung ein geschlossenes Kerngießernwerkzeug signalisiert, erhalten Pumpenantrieb und Kerngießanlage die Betriebsfreigabe. Anschließend beginnt die Füllung der Kavität des Kerngießwerkzeuges mit der Schmelze.

Mit einem digitalen Algorithmus wird aus den gemessenen Motorstromwerten das Ende der Füllphase bestimmt. Dazu wird aus den aufgenommenen Meßwerten der Mittelwert $\mu$ gebildet. Außerdem wird der Mittelwert $m$ aus dem aktuellen Motorstromwert und den letzten zwei zurückliegenden Motorstromwerten ermittelt. Wird aus diesen beiden Werten der Betrag der Differenz gebildet, dann kann mit der in Gleichung (1) definierten Variablen $M$ das Ende der Füllphase bestimmt werden.

$$M = \frac{|\mu - m|}{\delta} \tag{1}$$

Mit der im Nenner von Gleichung (1) stehenden Variable $\delta$ kann die Streuung der Meßwerte bei einem verrauschten Meßsignal berücksichtigt werden. Im vorliegenden Fall kann $\delta = 1$ angenommen werden. Nach dem Einsetzen der Definitionen für $\mu$ und $m$ in Gleichung (1), ergibt sich die Bestimmungsgleichung für die Variable $M$ wie folgt :

$$M = \mu(i) + \frac{1}{i+1}\left[x(i) - \mu(i-1)\right] - \frac{1}{3}\left[x(i) + x(i-1) + x(i-2)\right] \tag{2}$$

$x(i)$ ist der zum Abtastzeitpunkt (Abtastintervall 100 ms) gemessene Motorstromwert. Das Ende der Füllphase ist erreicht, wenn die Variable $M$ einen vorgegebenen Schwellwert erreicht hat. Dann wird die Haltephase eingeleitet.

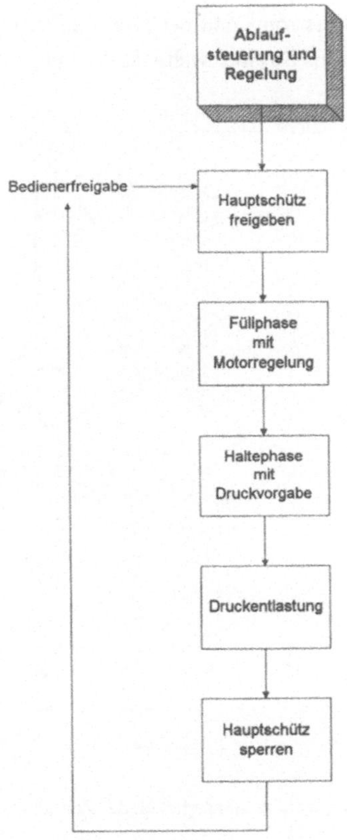


Abb. 6 : Struktur der Task Ablaufsteuerung und Regelung

Dazu wird der Pumpenantrieb von der Drehzahlregelung auf die Stromregelung geschaltet. Damit kann durch Vorgabe eines Stromwertes ein Drehmoment festgelegt werden, das einen bestimmten Druck im Kerngießwerkzeug erzeugt. Die Haltephase wird durch eine reine Zeitsteuerung realisiert. Nach dem Erreichen der vorgegebenen Zeitdauer wird der Pumpenantrieb von der Stromregelung zurück auf die Drehzahlregelung umgeschaltet. Anschließend wird das Kerngießwerkzeug von dem angelegten Druck entlastet. Dazu wird die Drehrichtung des Motors für eine bestimmte Zeitdauer umgekehrt. Damit ist der Herstellungszyklus für einen Kern abgeschlossen. Das Hauptschütz wird aus Sicherheitsgründen gesperrt.

# 5 Ergebnis

Der oben beschriebene Algorithmus gestattet es, den Übergang von der Füllphase in die Haltephase sicher zu bestimmen. Außerdem kann ein plötzlicher Druckabfall durch Überwachung der Systemgrößen Motorstrom und Drehzahl erkannt werden.

Ein typischer Verlauf des Motorstroms und der Drehzahl ist in Abbildung 7 dargestellt. Man erkennt einen leichten Anstieg des Stromes während der Füllphase. Im Prinzip ist damit eine

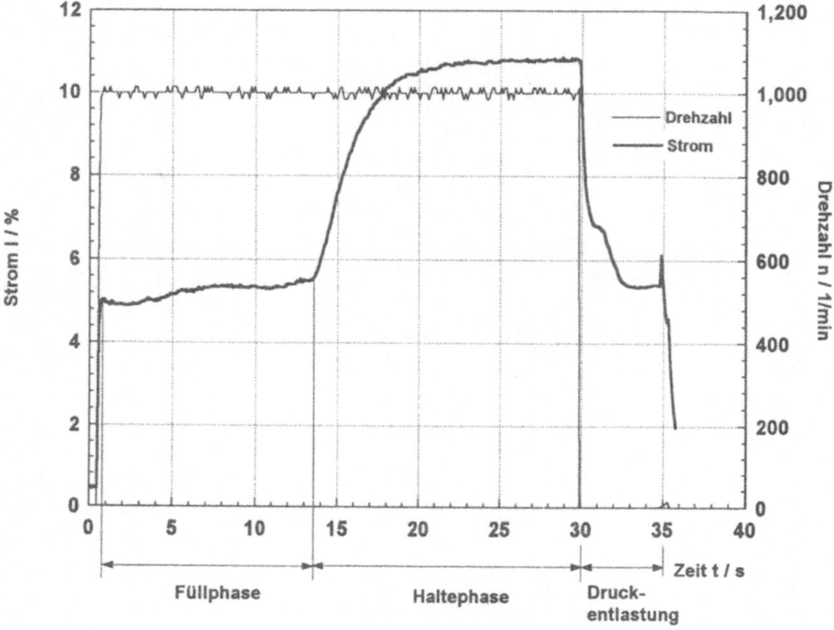


Abb. 7 : Strom und Drehzahl in Abhängigkeit der Zeit für einen Produktionszyklus

Abschätzung des Drehmomentes möglich. Über die Kennlinie der Pumpe kann dann auf den hydrostatischen Druck und damit auf den Füllstand geschlossen werden. Bei der Erprobung hat sich jedoch gezeigt, daß bei der derzeit verwendeten Zahnradpumpe starke Parameterschwankungen auftreten, die eine ständige Anpassung des Zustandsbeobachters erfordern würden. Da Verschleißprobleme längerfristig einen Austausch der Pumpe erforderlich machen, wurde dieser Ansatz vorläufig nicht weiter verfolgt.

## 6 Zusammenfassung und Ausblick

Es wurde ein Konzept zur Automatisierung eines Herstellungsprozesses für Schmelzkerne aus einer Zinn-Wismut-Legierung vorgestellt. Zur Realisierung wurde ein Industrie-PC eingesetzt. Als Echtzeitprogrammiersprache wurde PEARL verwendet. Aus dem Anforderungskatalog konnten die parallel abzuarbeitenden Tasks direkt formuliert werden. Nach endgültiger Auswahl der Systemkomponenten - insbesondere der Schmelzeförderpumpe - ist geplant, auf das Beobachterkonzept zurückzukommen.

## Literatur

[1]    E.Schmachtenberg und M. Polifke
Vom Saugrohr zum Pumpengehäuse
Kunstoffe 1996 3
Carl Hanser Verlag München

[2]    G. Thiele
Software-Entwurf
in PEARl-orientierter Form
B.G. Teubner Stuttgart 1993

[3]    Programmieren mit PEARL
B. Reißenweber
Oldenbourg Verlag 1988

## Anschrift der Autoren

Dipl.-Ing. Th. Eymann ist wissenschaftlicher Mitarbeiter im Fachgebiet Automatisierungstechnik der Universität GH Essen.
(Leitung : Prof. Dr.-Ing. R. Tracht)

Dipl.-Ing M. Polifke ist wissenschaftlicher Mitarbeiter am Institut für Kunststoffe im Maschinenbau an der Universität GH Essen.
(Leitung : Prof. Dr.-Ing. E. Schmachtenberg)

# PEARL 90 in der Lehre – Erfahrungsbericht

L. Frevert

Fachhochschule Bielefeld, FB Elektrotechnik
Wilhelm-Bertelsmannstraße 10, 33602 Bielefeld

**Abstract.** Like Pascal PEARL 90 is well suited for teaching the systematical development of software. Furthermore it comprises a clear I/O concept and an unpretentious and efficient realtime part. Although PEARL 90 isn't an object oriented language, its concepts of modules and pointers facilitate an introduction to object oriented programming. Since 1989 more than 3000 each of tested realtime programs and of first versions of modules have been controlled at FH Bielefeld. Based on this experience I am making some proposals for programming guidelines.

## 1 Einleitung

Die Ziele meines Berichtes sind

1. Kollegen an anderen Hochschulen zum Einsatz von PEARL 90 [1] [2] [3] zu motivieren und
2. Hinweise auf häufige Fehler der Studenten zu geben, die durch Programmierrichtlinien vermieden werden können.

Es gibt viele Gründe für die Bevorzugung einer Programmiersprache: der eine mag einer Sprache anhängen, in der nicht so leicht erkennbar ist, wie schlecht er einen Programmabschnitt programmiert hat; ein anderer kann eine Vorliebe für das Stellen und Lösen von Rätseln haben [4]. Für mich als Fachhochschullehrer muß eine Sprache erstens leicht lehr- und erlernbar sein und zweitens gewisse positive Eigenschaften für die Anwendung in der Praxis haben, die ich einmal so formulieren möchte: ich darf kein ungutes Gefühl bekommen, wenn ich weiß, daß mit der Sprache ein System programmiert ist, von dessen Funktionieren mein Leben abhängen kann. Beide Kriterien hängen übrigens zusammen: die heutigen Studenten nehmen morgen an der Entwicklung solcher Systeme teil.

Programmierübungen an Hochschulen stehen grundsätzlich unter der Problematik, daß die Programme der Studenten viel geringeren Umfang haben als in der industriellen Praxis und daß sie nicht auf hohe Zuverlässigkeit und gute Wartbarkeit hin ausgelegt zu sein brauchen. Diese Diskrepanz zwischen Lehre und Praxis kann dadurch verringert werden, daß in der Lehre Richtlinien gegeben werden, die die Wartbarkeit und Zuverlässigkeit der Programme verbessern.

Derartige Richtlinien sind auch an der Hochschule unumgänglich, wenn Programme, die später noch verwendet werden sollen, im Verlauf von Diplomarbeiten entstehen. In solchen Fällen sind – anders als in der Industrie – die Autoren sofort nach Fertigstellung nicht mehr greifbar.

Pascal [5] ist für Informatiker im Laufe der Zeit eine Sprache geworden, mit deren Hilfe man sich über Algorithmen unterhält. Unter rein praktischen Gesichtspunkten ist jedoch PEARL 90 bei Beschränkung auf sequentielle Programme für den Einsatz als Anfänger–Programmiersprache mindestens so gut geeignet wie Pascal.

## 2    Hintergrund

An der Fachhochschule Bielefeld wird PEARL seit 1979 eingesetzt, in erster Linie im Fachbereich Elektrotechnik im Fach Prozeßdatenverarbeitung. Es fand jedoch auch im Fachbereich Maschinenbau für einige Diplomarbeiten Verwendung. Seit Sommer 1994 benutzen wir PEARL 90.

Prozeßdatenverarbeitung ist bei uns ein Fachprüfungsfach für Studenten im Hauptstudium der Studienrichtung Informationsverarbeitung. Es schließt mit einer Klausur ab. In den letzten Jahren nahmen etwa 100 Studenten pro Jahr an den Klausuren teil.

In den Klausuren wird von den Studenten erwartet, daß sie Aufgabenstellungen wie z. B. die Steuerung einer Fußgängerampel in Programme von etwa 50 bis 100 Zeilen umsetzen. Jede Lösung umfaßt einen kompletten Modul. Schnittstellen zu vorgeblich vorhandenen Programmteilen werden in den Aufgabenstellungen geliefert.

Insgesamt stelle ich in jeder Klausur sechs derartige Aufgaben; bei mehr als drei fehlerlosen Lösungen gibt es "sehr gut". Die Klausuren dauern drei Stunden; als Hilfsmittel sind PEARL–Lehrbücher zugelassen.

Die Klausuren finden nach Beendigung eines insgesamt etwa dreißigstündigen Praktikums statt. Als weitere Vorbereitung werden etwa 10 Lösungsversuche alter Klausuraufgaben ausführlich besprochen.

Im Laufe der Zeit dürfte ich mehr als 3000 PEARL–Programme als Lösungen von Klausuraufgaben durchgesehen haben. Hinzu kommt etwa die gleiche Anzahl von Abtestaten von Praktikumsprogrammen.

## 3    Selbstdokumentation

Die Durchsicht der in den Klausuren geschriebenen Programme geht relativ rasch, weil PEARL in hohem Maße selbstdokumentierend ist. Die Struktur der Moduln läßt sich leichter erkennen als diejenige von Pascal-Programmen, weil Verzweigungen und Schleifen mit FIN bzw. END unterschiedlich beendet werden und weil das Sichtbarmachen der Struktur bezüglich Schleifen und Verzweigungen durch Einrückungen leichter ist als bei Pascal. PEARL–Anfänger mit Pascal-Kenntnissen sind übrigens leicht daran zu erkennen, daß sie Abschnitte in BEGIN und END einschließen. (In PEARL sind in Verzweigungen und Schleifen grundsätzlich Anweisungsfolgen zugelassen. Deshalb entfallen auch die bei Pascal-Anfängern berüchtigten Regeln über den Gebrauch des Semikolons; BEGIN-END-Blöcke dienen in PEARL vorwiegend zur Speicherverwaltung).

Ein weiterer, auf den ersten Blick unwesentlicher Unterschied zu Pascal besteht in PEARL 90 darin, daß Groß- und Kleinschreibung signifikant sind. Das kann durch Schreibregeln zur Verbesserung der Selbstdokumentation verwendet werden, z.B.: selbstdefinierte Datentypen sind wie Schlüsselwörter mit großen Buchstaben zu schreiben, Pointer mit zwei Großbuchstaben am Anfang.

Zur weiteren Erhöhung der Selbstdokumentation und Wartbarkeit verbiete ich im Praktikum, Zahlen und andere Konstantenwerte außer in den Vereinbarungen benannter Konstanten und in arithmetischen Ausdrücken zu verwenden.

In den Klausuren trat relativ häufig der Fehler auf, daß eine BIT-Variable im Programm zwar gesetzt, das Rücksetzen aber vergessen wurde. Ich schreibe deshalb im Praktikum vor, daß Anfangswerte von Variablen nur durch Zuweisung, nicht in der Vereinbarung, gesetzt werden dürfen. Dadurch kann leichter geprüft werden, ob für Bit-Variablen mindestens zwei Zuweisungen vorhanden sind.

Bei Schleifen, die aus mehreren Gründen abgebrochen werden können (FOR i TO maxzahl WHILE NOT genau REPEAT ... IF korrektur == 0 THEN EXIT;FIN ... END;), fordere ich, daß daß sofort hinter der Schleife geprüft wird, welche der Bedingungen zum Abbruch führte; genau muß direkt vor dem Schleifenanfang gesetzt werden.

CASE-Anweisungen sind den Studenten nur in der neuen Pascal-ähnlichen Form erlaubt. In den Konstantenlisten, die den Eintritt in die Alternativen steuern, dürfen in den Praktikumsprogrammen selbstverständlich nur benannte Konstanten stehen.

# 4 Ein/Ausgabe

Der vorbildliche Ein/Ausgabe-Teil von PEARL ist durch die neue Möglichkeiten, Längen von Zeichenstrings direkt bei der Eingabe zu bestimmen und Fehleingaben durch Abfrage von Statusvariablen abzufangen, noch einmal verbessert worden. Beim Einlesen von Daten sollte jedoch das Umschalten auf eine neue Zeile in einer gesonderten Anweisung stehen (GET FROM tasten BY SKIP;), da sonst bei Fehleingaben der Eingabepuffer nicht gelöscht wird.

Die neu eingeführte CONVERT-Anweisung zur Wandlung von Variablenwerten in Zeichenketten und umgekehrt wie bei der ALPHIC-Aus- bzw. -Eingabe hat den positiven Effekt, daß die Studenten darauf gestoßen werden, daß bei der ALPHIC-Ein/Ausgabe von Daten normalerweise relativ komplizierte Umwandlungen vorgenommen werden. Sie erleichtert z. B. außerdem Kontrollen, ob bei der Eingabe von Zahlen die vorgeschriebene Stellenzahl eingehalten worden ist, indem man erst in eine Zeichenketten-Variable einliest und dann mit CONVERT in eine Zahl wandelt.

# 5 Tasking

Es gibt zwei Kriterien für die Korrektheit sequentieller Programme: sie müssen fehlerlose Ergebnisse liefern und sich selbst beenden. Echtzeitprogramme hingegen müssen zwar auch fehlerlose Ergebnisse liefern, aber sie dürfen sich im allgemeinen *nicht* selbst beenden.

Bei der Entwicklung von PEARL war dieser wesentliche Unterschied zwischen sequentiellen und parallelen Programmen zunächst nicht ganz klar. In den ersten Diskussionen bestanden die Vorstellungen über Parallelarbeit darin, daß ein anfänglich sequentielles Programm sich in parallele Zweige auffächert, die später vor der Selbstbeendigung des Programmes zusammenlaufen müssen. Auf diese Weise entstand das Subtask–Modell, in welchem Tasks innerhalb von Tasks deklariert wurden. Glücklicherweise wurden aber im ersten Sprachentwurf auch Tasks auf oberstem Sprachlevel zugelassen und die Subtasks nach ersten Implementationsversuchen verworfen. Dadurch entstand ein Tasking–Modell, in dem man sich die Tasks auch als Räder vorstellen kann, die sich gegenseitig über Mitnehmer und Sperrklinken beeinflussen. Es ist nützlich für den Entwurf von Echtzeitsystemen, auch wenn diese in einer anderen Sprache kodiert werden sollen [6].

Die Studenten verstehen das PEARL–Tasking relativ rasch, wenn man Task und Pascal–Hauptprogramm gleichsetzt: Alle "Hauptprogramme" mit dem Attribut MAIN werden automatisch gestartet, alle übrigen müssen explizit aktiviert werden.

Das Task–Modell von PEARL ist außerordentlich anschaulich, wenn man sich die einzelnen Tasks als Menschen vorstellt, die zusammen an einer Aufgabe arbeiten; Prozeduren sind dabei solche Tätigkeiten dieser Menschen, die bei allen auf ähnliche Weise ablaufen. Das TERMINATE einer Task ist dann z. B. ein Tötungsdelikt, mit meist negativen Folgen, SUSPEND versetzt in zeitweilige Bewußtlosigkeit, CONTINUE entspricht der Wiederbelebung eines Bewußtlosen.

Apropos SUSPEND: ursprünglich sollte eine Task andere suspendieren dürfen, um einen vorübergehenden Lastabwurf zu erreichen. Leider konnten sich in Basis PEARL – entgegen diesem ursprünglichen Zweck – Tasks nur selbst suspendieren. Deshalb wurden von Anfängern SUSPEND–CONTINUE statt REQUEST–RELEASE zur Synchronisation zweier Tasks mißbraucht, was dann zu schweren Fehlern bei zufälliger Zeitfolge CONTINUE–SUSPEND führt. Deshalb verbiete ich, daß eine Task sich selbst suspendiert.

Bei PEARL–Programmen, die von Anfängern geschrieben sind, werden relativ häufig auch in Abläufen, die rein sequentiell sein müßten, Tasks aktiviert anstatt parameterlose Prozeduren nacheinander aufzurufen. Unter Umständen werden derartige Fehler auf Einprozessormaschinen im Test nicht entdeckt. Deshalb besteht eine Regel darin, daß bei jedem ACTIVATE einer Task geprüft werden muß, ob die gleiche Wirkung nicht auch durch den Aufruf einer Prozedur erreicht werden kann.

In PEARL ist immer nur eine Einplanung pro Task gültig; deshalb kann eine Task nur von *einem* Interrupt beeinflußt werden. Darum die Regel: es müssen mindestens so viele Tasks wie Interrupts vorhanden sein.

Ein weiterer häufiger Fehler besteht darin, daß Einplanungen nicht einmal, sondern in Schleifen vorgenommen werden. Derartige Fehler werden manchmal auch nicht im Test erkannt, führen aber natürlich zur Vollauslastung des Rechners. Synchronisationen mit Schleifen (WHILE NOT weiter REPEAT; END;) sind ebenfalls schwere Fehler.

## 6 Prioritäten, Einhaltung von Zeitvorgaben

Die Software wird bekanntlich schneller langsamer als die Hardware schneller wird. Da bei ersterer keine Grenzen für Langsamkeit existieren, die Schnelligkeit von Prozessoren aber physikalischen Gesetzen unterworfen ist, hat die Zeit schon begonnen, wo man sich dadurch helfen muß, daß man mehrere Prozessoren gleichzeitig verwendet.

Deshalb gehe ich bei der Darstellung von PEARL davon aus, daß so viele Prozessoren wie Tasks vorhanden sein können. Die Studenten verstehen dadurch sofort, warum man in PEARL keine Task–Zustände abfragen kann: ein Abfrageergebnis kann schon unzutreffend sein, bevor die abfragende Task es ausgewertet hat, weil ja der Prozessor mit der abgefragten Task inzwischen auch weitergelaufen ist.

Einprozessormaschinen sind dann ein Sonderfall, bei dem man die Zuteilung der Ressourcen durch Angabe von Task–Prioritäten verbessern kann. Prioritäten können in PEARL 90 auch dynamisch verändert werden. Ich habe das für ein kleines Demonstrationsprogramm benutzt, in dem die Gesamtlaufzeiten von Tasks überwacht werden, die mit verschiedenen Frequenzen zyklisch gestartet werden. Bei Laufzeitüberschreitung wird die Priorität der betreffenden Task angehoben. Auf diese Weise stellt sich relativ rasch die günstigste Verteilung der Prioritäten ein.

Bei Aufgaben, in denen Überschreitungen der zulässigen Rechenzeit einer Task zu Fehlermeldungen führen sollen, machen viele Studenten übrigens einen grundsätzlichen Fehler: sie übertragen der zu überwachenden Task die Ermittlung der Rechenzeit und übersehen dabei, daß die Task möglicherweise ganz aufhört zu arbeiten. In korrekten Lösungen muß eine zusätzliche Überwachungstask mit hoher Priorität so eingeplant werden, daß sie bei Rechenzeitüberschreitung gestartet wird (AFTER Rechenzeit ACTIVATE Ueberwachung;); bei Einhaltung der Rechenzeit wird dann diese Einplanung durch die überwachte Task gestrichen (PREVENT Ueberwachung;).

## 7 Koordination und Synchronisation

Damit sich Tasks koordinieren und synchronisieren können, müssen sie Informationen austauschen. In PEARL 90 gibt für diesen speziellen Informationsaustausch Semaphore und Bolts. Semaphore können als leere Botschaften über benannte Botschaftskanäle aufgefaßt werden; sie bilden das grundlegendste Mittel zur Koordination, auf denen alle anderen Schemata aufgebaut werden können. Bolts sind – wie jedes kompliziertere Koordinationsproblem – im Prinzip durch drei Semaphore und einige Merkvariablen ersetzbar.

In verteilten Systemen ist es zweckmäßiger, die Botschaften mit Inhalt zu versehen. Ich erwähne das deshalb, weil in Teil 3 der PEARL–Norm [2] die Koordination von Tasks auch über nichtleere Botschaften erfolgen kann. Dieser Teil stellt ein beispielhaftes Konzept zur Programmierung verteilter Systeme dar, das bei der Behandlung derartiger Probleme in der Lehre äußerst nützlich ist, obwohl dieser Teil der Norm noch nicht implementiert worden ist. Die Simulation des Botschaften–Austausches mit Hilfe von Semaphoren ist übrigens eine hübsche Übungsaufgabe.

Falls die Koordination der Tasks, die auf eine gemeinsame Variable zugreifen, vergessen wird, entstehen bekanntlich Fehler, die sich in der Regel nur durch Zufall bemerkbar machen. Das verführt dazu, über Sprachmechanismen nachzudenken, die eine entsprechend vereinbarte Variable automatisch gegen gleichzeitigen Mehrfachzugriff schützen sollen. Bei einer Sprache wie PEARL 90, die eine Kapselung von Variablen in Moduln zuläßt, ist es jedoch außerordentlich schlechter Stil, eine Variable für mehrere Moduln zugreifbar zu machen; innerhalb eines einzigen Moduls ist die korrekte Koordination mit Semaphoren oder Bolts aber leicht überprüfbar. Auf die entsprechenden Richtlinien werde ich im nächsten Abschnitt eingehen.

Hinzu kommt noch,daß es bei Prozeßlenkungsprogrammen nicht ausreicht, durch Koordination von Tasks die Integrität der gemeinsamen Datenbasis zu erhalten; ebenso wichtig ist, daß das Datenmodell und der Zustand des zu steuernden Prozesses übereinstimmen. In den Praktikumsprogrammen wird von den Studenten oft übersehen, daß eine Prozeß–Ausgabe und das Notieren des neuen Zustandes in der Datenbasis ebenfalls einen kritischen Abschnitt bilden. Im Test machen sich derartige Fehler nicht bemerkbar; die Studenten lernen an solchen Beispielen, daß Echtzeitprogramme sehr sorgfältig analysiert werden müssen, um Fehler in der Task-Koordination zu vermeiden, die sich bei Betrieb des Programmes nur zufällig, aber mit schlimmen Folgen bemerkbar machen.

Bei der Durchsicht von Beispielen in anderen Sprachen, die kompliziertere Koordinationsmechanismen als PEARL 90 einsetzen [7], ist mir übrigens aufgefallen, daß bei Producer–Consumer–Systemen (Umlaufpuffern) Producer und Consumer oft nicht gleichzeitig auf den Puffer zugreifen dürfen, obwohl Gleichzeitigkeit zulässig ist, wenn es sich um verschiedene Pufferelemente handelt. Die Situation ist ähnlich wie bei manchen Prozessen: bei einer Modellbahn können zwei Tasks, die jeweils einen Zug steuern, nie gleichzeitig auf die Daten der selben Weiche zugreifen, weil sich zwei Züge nicht gleichzeitig der betreffenden Weiche nähern dürfen.

In PEARL 90 gibt es zusätzlich zur normalen REQUEST-Anweisung für Semaphore noch eine Einbaufunktion TRY, die ein REQUEST versucht und den Bitwert '0'B zurückgibt, wenn der Versuch erfolglos war. Bei echter Parallelarbeit kann man das jedoch nur dazu benutzen, um Verklemmungen zu ermitteln oder z.B. bei Erzeuger–Konsumenten–Systemen (Wechsel- und Umlaufpuffern) festzustellen, wer im Regelfall auf den anderen warten muß. Außerdem hat man dadurch einen Behelf, um vor dem Wiederanlauf eines abgebrochenen Programmkomplexes dessen Semaphore die notwendigen Anfangswerte zu geben, ohne das Programm neu laden zu müssen.

## 8  Moduln und Datenkapselung

In PEARL–Moduln können alle Arten von Entitäten (Daten, Datenstationen, Tasks und Prozeduren) enthalten sein. Nach außen sichtbar für andere Moduln sind jedoch nur diejenigen Entitäten, die mit dem Attribut GLOBAL vereinbart werden.

Die Studenten sehen relativ leicht ein, daß man in PEARL–Moduln nach Möglichkeit Tasks oder Variable nicht mit dem GLOBAL–Attribut versehen sollte: sonst kann in einem Multitasking–Programm z.B. eine Task ohne Wissen ihres Eigentümers plötzlich böswillig terminiert werden, oder einer Variablen könnte unvermutet in einem anderen Modul durch eine parallel laufende Task ein neuer Wert zugewiesen werden. Wenn hingegen Tasks oder Variable stets modullokal sind und der Zugriff nur in globalen Prozeduren erfolgt, kann man notfalls die Stellen, an der diese Prozeduren aufgerufen werden, durch Prüfung zusätzlich übergebener Parameter ermitteln.

In Multitasking–Programmen kommt noch ein weiteres Argument hinzu: Wenn eine globale Variable von mehreren Tasks gemeinsam benutzt wird, müssen die Zugriffe mittels Semaphor oder Bolt koordiniert werden. Falls das in mehreren Moduln geschehen soll, ist eine Überprüfung korrekter Koordination schwierig.

In gut strukturierten PEARL–Programmen ist daher immer schon vom Prinzip der Datenkapselung Gebrauch gemacht worden. Im Sinne der objektorientierten Programmierung sind derartige Moduln Objekte.

Falls Tasks in einem solchen Modul aktiviert oder Variablen Anfangswerte zugewiesen werden müssen, kann das nur durch Aufruf einer Initialisierungsprozedur erfolgen. Diese Initialisierungsprozedur entspricht etwa dem, was in einer objektorientierten Sprache ein Konstruktor genannt wird.

## 9  Rentrant–Prozeduren, Monitor–Prinzip

In Pascal wird das Hauptprogramm oftmals in eine Reihe parameterloser Prozeduren aufgeteilt, um die Übersichtlichkeit zu fördern. Diese Prozeduren arbeiten dann mit gemeinsamen Variablen, die im Vereinbarungsteil des Programmes deklariert sind. Manche Programmierer haben sich auch angewöhnt, ProzedurParameter statt über den Aufruf–Mechanismus über gemeinsame Variable zu übergeben. In Multitasking–PEARL–Programmen kann das zu schweren Fehlern führen:

Auf Modul–Ebene vereinbarte PEARL–Prozeduren sind reentrant, das heißt, sie können durch mehrere Tasks gleichzeitig benutzt werden. Das ist möglich, weil bei derartigen Prozeduren die lokalen Variablen für jede Task, die in die Prozedur eintritt, neu angelegt werden und lokale Zugriffe deshalb nicht koordiniert zu werden brauchen. Das gilt aber nicht für Variable, die auf Modulebene vereinbart worden sind; bei ihnen muß mittels Semaphor oder Bolt koordiniert werden.

Deshalb schreibe ich vor, daß Variable nur innerhalb von Tasks oder Prozeduren deklariert werden dürfen. Bei modulglobalen Variablen muß in Kommentaren begründet werden, warum die Deklaration modulglobal erfolgen mußte. In der Regel wird das deshalb sein, weil die Variable aus mehreren Tasks oder Prozeduren heraus sichtbar sein muß und zum gegenseitigen Datenaustausch dient. Dann müssen die Zugriffe selbstverständlich koordiniert werden. Falls nicht koordiniert wird, muß das von dem Studenten wieder ausführlich begründet werden.

Wenn ein derartiger Modul nur globale Prozeduren und auf Modulebene vereinbarte Variable enthält, dient er normalerweise zum Austausch von Daten zwischen verschiedenen Tasks, und die REQUEST– und RELEASE–Anweisungen stehen am Anfang bzw. Ende aller Prozeduren, das heißt, es kann sich immer nur eine Task im Modul aufhalten. Ein derartiger Modul entspricht einem Monitor aus Concurrent Pascal [8].

## 10  Pointer, objektorientierte Schnittstellen

Pointer (Referenzen) auf Daten können in PEARL wie bei Pascal zum Aufbau verketteter Listen benutzt werden. In PEARL 90 sind jedoch auch Referenzen auf alle übrigen Entitätsarten (Tasks, Prozeduren usw.) außer auf Referenzen zulässig. Felder von Taskpointern ermöglichen z. B. das Aktivieren vieler Tasks in einer Schleife, Referenzen auf Prozeduren deren Übergabe als Parameter einer anderen Prozedur.

Besonders interessant sind PEARL 90–Pointer zur verbesserten Dokumentation von Modulschnittstellen. Die Exportschnittstelle eines Moduls bestand früher aus Vereinbarungen mit dem Attribut GLOBAL, die über den ganzen Modul verstreut sein konnten. In PEARL 90 kann man stattdessen einen einzigen globalen Verbund (Pascal: Record) deklarieren, der Referenzen auf diese vereinbarten Entitäten enthält.

Folgt man dem oben beschriebenen Prinzip der Datenkapselung, wird durch diesen Gebrauch der Pointer die Ähnlichkeit eines PEARL–Moduls mit einem Objekt aus einer objektorientierten Sprache noch verstärkt: Die Aufrufe eines Moduls, der Meldungen in einem Puffer zwischenspeichert, lauten dann beispielsweise Puffer.transmit(Meldung), Puffer.receive(Meldung).

Es ist naheliegend, derartige objektorientierte Exportschnittstellen immer am Ende der Moduln zu vereinbaren und sie dadurch leicht auffindbar zu machen.

Da derartige Exportschnittstellen in einem anderen Modul nicht fest vorgegeben zu sein brauchen, sondern ihm (z. B. bei Aufruf seiner Initialisierungsprozedur) als Prozedurparameter übergeben werden können, läßt sich in PEARL 90 die Bindung zwischen Moduln auch während des Programmlaufs ändern.

Referenzen sind normalerweise in PEARL 90 fest an den Typ der Entität gebunden, auf die sie zeigen. Für Sonderzwecke darf man jedoch auch Referenzen vereinbaren, die auf alles zeigen können. Damit lassen sich polymorphe Moduln schaffen, die z. B. Verbunde beliebigen Aufbaus auf einem Massenspeicher zwischenspeichern. Mit derartigen Referenzen lassen sich auch Daten verschiedenen Typs überlagern. Im Praktikum kann das z. B. dazu benutzt werden, FLOAT-Variable mit Bitketten zu überlagern, um den Studenten auf diese Weise einen Eindruck zu verschaffen, wie eine derartige Variable von der Hardware gespeichert wird.

## 11 Programmierumgebung

Wir betreiben PEARL 90 auf PCs unter Linux. Das hat den Vorteil, daß Studenten mit eigenem PC das gesamte System einschließlich X-Windows, PEARL 90 und PEARL 90-Programmierumgebung gratis bekommen können und dann zu Hause die gleiche Programmierumgebung haben wie im Praktikum. Linux ist inzwischen sehr stabil – stabiler als manches kommerzielle UNIX-System.

Die PEARL 90-Programmierumgebung ist vor einigen Jahren hier auf einer PEARL-Tagung vorgestellt worden [8]. Das System ermöglicht äußerst rasches Arbeiten mit einem Minimum an Tippen, weil man beliebige Texte mit der Maus sehr leicht von einem Fenster in ein anderes kopieren kann. Deshalb braucht man Bezeichner im Prinzip nur ein einziges Mal zu schreiben.

Die PEARL 90-Programmierumgebung benutzt den GNU-Emacs als Editor. Er ist äußerst leistungsfähig, hat zwar schätzungsweise rund Eintausend Befehle, gibt aber auch gute Hilfen zur Auswahl von Untermengen, die man für spezielle Zwecke, z.B. zur Versionsverwaltung, braucht.

## 12 Top-down-Programmierung

Die Produktivität der meisten Studenten ist durch die bessere Umgebung allerdings kaum gestiegen. Wenn eine Kompilation auf dem Vorgängerrechner Krupp Atlas Elektronik EPR 1300 einige Minuten dauerte, ermunterte das offenbar zum Nachdenken. Jetzt dauert die Kompilation nur Sekunden, aber es wird minutenlang gedankenlos probiert.

Desgleichen verführen die guten Möglichkeiten, Programmteile zu kopieren, offensichtlich dazu, an Stelle von Prozeduren lange Programmabschnitte mehrfach zu verwenden – mit entsprechend vergrößertem Aufwand bei der Beseitigung von Fehlern. Die Studenten benutzen sozusagen das Software-Erstellungsmodell EPDD (Erst Programmieren, Dann Denken). Ich verlange daher ab dem zweiten Praktikumsprogramm, daß die Programme als Top-down-Entwürfe entwickelt werden, aus denen dann die PEARL-Programme mit Hilfe eines Tools erzeugt werden [10].

Seine Entwicklung wurde veranlaßt durch die Erfahrung, daß die Forderung, einen Entwurf in Form eines Struktogrammes zu machen, meistens dazu führt, daß Struktogramm und fertiges Programm sich nicht entsprechen, weil das Programm ohne Änderung des Struktogrammes verbessert wurde, wenn nicht überhaupt der "Entwurf" erst angefertigt wurde, nachdem das Programm ausgetestet war. Deshalb sollten Entwurf und Programm in einer einzigen Quelldatei enthalten sein, aus der das Programm automatisch generierbar ist, und man sollte dem Entwurf auch ansehen können, ob er erst nachträglich entstanden ist.

Mein Verfahren wurde nach dem Vorbild der Systemprogrammiersprache META von Krupp Atlas Elektronik entwickelt, die leider in der Fachwelt viel zu wenig Beachtung gefunden hat und auf die ich deshalb hier ausdrücklich hinweisen möchte [11]. Kurz gesagt, beruht es darauf, daß PEARL–Anweisungen und Anweisungen in Umgangssprache (Pseudocodes) gemischt werden können. Letztere werden weiter verfeinert, bis die Verfeinerungen schließlich nur noch PEARL-Code enthalten.

Beim Einsatz dieses Verfahrens ist mir aufgefallen, daß es für überraschend viele Studenten sehr schwer ist, ein System top-down zu entwickeln. Sie sind anscheinend zu sehr daran gewöhnt, ihre Programme am Bildschirm ohne jede Vorüberlegung direkt einzugeben. Dies scheint mir ein Hinweis darauf zu sein, daß schon im Grundstudium mehr Gewicht auf Entwurfstechniken gelegt werden sollte.

## Literatur


1 GI-Fachgruppe 4.4.2 Echtzeitprogrammierung, PEARL (Hrsg.): PEARL 90 Sprach-report

2 Normenausschuß Informationssysteme (NI) im DIN Deutsches Institut für Normung: Programmiersprache PEARL DIN 66253 Teil 1 bis 3. Beuth–Verlag, Berlin Wien Zürich

3 K. Stieger: PEARL 90 – Die Weiterentwicklung von PEARL. In: R. Henn, K. Stieger (Hrsg.) PEARL 89 – Workshop über Realzeitsysteme (Informatik-Fachberichte Bd. 231) Springer–Verlag, Berlin Heidelberg New York 1989

4 A.R. Feuer: C–Puzzlebuch C–Programmier Training. Carl Hanser München Wien 1985

5 Normenausschuß Informationssysteme (NI) im DIN Deutsches Institut für Normung Programmiersprache PASCAL DIN EN 27158. Beuth–Verlag, Berlin Wien Zürich

6 G. Thiele: Software-Entwurf in PEARL-orientierter Form. B. G. Teubner Verlag, Stuttgart 1993

7 R.G. Herrtwich, G. Hommel: Kooperation und Konkurrenz. Springer–Verlag, Berlin Heidelberg New York 1989

8 P. Brinch Hansen: Konstruktion von Mehrprozeßprogrammen (The architecture of concurrent programs, dt.). Oldenbourg Verlag, München 1981

9 S. Weidlich: Erarbeitung einer integrierten Entwicklungsumgebung für PEARL 90–Programme für SUN–kompatible Workstations. In: P. Holleczek (Hrsg.) PEARL 93 – Workshop über Realzeitsysteme (Informatik aktuell). Springer–Verlag, Berlin Heidelberg New York 1993

10 L. Frevert: Eine Methode zur schnelleren Entwicklung und übersichtlichen Doku-mentation von PEARL-Programmen. In: PEARL-Rundschau Bd. 2 Nr. 3 September 1981

11 META Sprachbeschreibung. KRUPP ATLAS-ELEKTRONIK 1982

# Zur Unterstützung der Vorhersehbarkeit von Programmausführungszeiten in PEARL

Domen Verber[1], Matjaž Colnarič[1] und Wolfgang A. Halang[2]

[1] Fakultät für Elektrotechnik und Informatik, Universität zu Maribor,
2000 Maribor, Slowenien, colnaric@uni-mb.si
[2] Fachbereich Elektrotechnik, FernUniversität, D-58084 Hagen,
wolfgang.halang@fernuni-hagen.de

## 1   Einleitung

Für im harten Echtzeitbetrieb arbeitende eingebettete Systeme ist es von größter Wichtigkeit, sicherstellen zu können, daß aus der einbettenden Umgebung kommende Anforderungen innerhalb vorgegebener Antwortzeiten bedient werden. Im Mehrprozeßbetrieb kann diese Forderung als *Zuteilbarkeit* ausgedrückt werde: die Existenz eines Ablaufplanes dergestalt, daß jede Task ihre Zeitbedingung einhält [15].

Um Zuteilbarkeitsanalysen durchführen zu können, müssen Task-Laufzeiten im voraus bekannt sein. Diese lassen sich jedoch nur dann bestimmen, wenn alle Systemfunktionen in vorhersagbarer Weise ablaufen. Zur Sicherstellung vollständiger Vorhersehbarkeit müssen die Abläufe auf allen Systemebenen, d.h. Prozessor, Netzanbindung, Betriebssystemdienste, Hochsprache und Ausnahmebehandlung, vorhersagbar sein [14].

Auf Grund dieser Anforderungen wurde im Jahre 1990 ein Projekt mit dem Ziel ins Leben gerufen, ein eingebettetes System für harte Echtzeitanwendungen mit völlig deterministischem Zeitverhalten zu entwerfen und zu konstruieren. Entsprechend der Vorgabe und basierend auf vorangehenden Arbeiten [6, 7, 2, 3] wurden eine konsistente asymmetrische Mehrprozessorplattform mit einem speziell für Betriebssystemkernroutinen vorgesehenen Koprozessor sowie das Betriebssystem selbst entworfen.

Parallel dazu wurde eine geeignete Programmiersprache gesucht. Wir hielten die normierte Sprache PEARL [5] für die geeignetste Wahl, da sie bereits viele notwendige Eigenschaften, insbesondere ausgezeichnete Zuteilungsunterstützung, enthält und darüber hinaus gut lesbar und leicht erlernbar ist. Es gibt jedoch einige Hindernisse, Programmlaufzeiten vorherzusagen. Obwohl wir uns bewußt waren, wie unpopulär es ist, neue Sprachen zu definieren und eigene Übersetzer zu schreiben, entschieden wir uns schließlich zur Erreichung unserer Ziele, PEARL so anzupassen, daß es zeitliche Vorhersagbarkeit unterstützt, unserer vorgesehenen Architektur entspricht sowie außerdem einige andere günstige Eigenschaften für eingebettete Anwendungen einzuführen. Durch Vergleich mit

* D. Verbers und M. Colnaričs Beiträge zu diesem Projekt wurden vom Ministerium für Wissenschaft und Technologie der Republik Slowenien gefördert.

ähnlichen Arbeiten [10, 13, 1, 12] stellten wir weiterhin fest, daß es nur eine einzige Möglichkeit gibt, einen praktisch nutzbaren Laufzeitanalysator zu implementieren, nämlich innerhalb des Übersetzers, wo alle Informationen über interne Programmstrukturen verfügbar sind.

Um einige Probleme bei der Ausführungszeitanalyse zu vermeiden, wurde der Sprachumfang von PEARL reduziert — daher der Name MiniPEARL. Auf bestimmte Sprachelemente konnte auch verzichtet werden, da Tasks und Peripheriegeräte statisch den Prozessoren der vorgesehenen Zielarchitektur zugeordnet werden. Schließlich wurde die Syntax durch einige für Echtzeitsysteme spezifische Konstruktionen zur verbesserten Task-Steuerung und zur Programmierunterstützung erweitert, wie sie in [6, 8] vorgeschlagen wurden.

Im folgenden Abschnitt geben wir zunächst einen Überblick über die Ausführungsplattform. Daran schließt sich die Beschreibung der Grundeigenschaften sowie des Übersetzers unserer Echtzeitprogrammiersprache an. Im zweiten Teil dieses Artikels finden sich Betrachtungen zur Laufzeitanalyse in Bezug auf unser Zielsystem. Insbesondere wird auf die Schwierigkeiten hingewiesen, die Parallelität in Prozessorarchitekturen für die Laufzeitanalyse hervorrufen. Lösungen dieses Problems werden vorgeschlagen.

## 2 Grundzüge der Rechnerarchitektur

In der asymmetrischen Mehrprozessorarchitektur nach [7, 2, 3] wurde die Ausführung der Routinen des Betriebssystemkerns auf einen Spezialprozessor verlagert, der zeitliche Einplanungen, Bedienungsanforderungen aus der Umgebung und interne Ereignisse verwaltet sowie andere, von den auf Task-Prozessoren laufenden Anwender-Tasks geforderte Dienste bereitstellt. Nur auf Anforderung des Koprozessors hin wird der Kontext eines Task-Prozessors umgeschaltet. Auf diese Weise wird dort jeglicher Verwaltungsaufwand vermieden, der notwendigerweise eine Quelle nichtdeterministischen Zeitverhaltens darstellen würde. Durch Ausnutzung inhärenter Parallelität wird darüber hinaus auch die Leistung gesteigert.

Anwender-Tasks werden a priori den Task-Prozessoren statisch zugewiesen. Für jede Task wird vom Programmierer ein Fertigstellungstermin vorgegeben und vom Übersetzer eine maximale Laufzeit abgeschätzt. Automatischer Lastausgleich zwischen Prozessoren ist weder möglich noch sinnvoll, da Peripheriegeräte in Prozeßrechensystemen fest mit Prozessorschnittstellen verdrahtet sind. Deshalb kann der für Einprozessorsysteme zeitgerechte Antwortzeitalgorithmus zur Zuteilung eingesetzt werden, ohne zu Beschränkungen zu führen.

Zur Konstruktion des dedizierten Zielsystems fiel unsere Wahl zunächst wegen ihrer seriellen, deterministische Interprozessorkommunikation ermöglichenden Punkt-zu-Punkt-Verbindungen auf Transputer [4]. Diese Wahl erwies sich jedoch auf Grund des unzureichenden Task-Zuteilungsschemas und Schwierigkeiten bei der Laufzeitanalyse als ungeeignet für harte Echtzeitanwendungen.

In der endgültigen Version wurden deshalb als Task-Prozessoren Transputer durch Mikrocontroller des Typs MC68307 ersetzt. Die Kommunikation mit dem Koprozessor wurde weiterhin mittels eines Transputer-Links implementiert, jedoch mit einem einfacheren Protokoll. Anwender-Tasks werden generell auf niedriger Prioritätsebene ausgeführt. Es gibt eine kleine Unterbrechungsroutine, die Anforderungen zur Kontextumschaltung und Resultate von Funktionsaufrufen vom Koprozessor empfängt. Der Aufwand zur Kontextumschaltung wurde so reduziert und deterministisch, womit er sich in der Zuteilbarkeitsanalyse berücksichtigen läßt.

Wegen ihrer inhärent seriellen Punkt-zu-Punkt-Kommunikation über Links und adäquater Leistung wurde der Betriebssystemkernprozessor auf der Basis von Transputern implementiert. Zur Wahrnehmung von niedrigen und Hardware-Funktionen wird parallel dazu ein zyklisch arbeitender Mikrocontroller MC68306 eingesetzt. Seine Hauptaufgabe ist die Erkennung externer Ereignisse und die Verwaltung der Echtzeituhr.

## 3 Programmiersprache und Laufzeitanalysator

In unserem Projekt wurden die Programmiersprache MiniPEARL sowie ihr Übersetzer und Laufzeitanalysator gemeinsam mit der Hardware-Plattform und dem Betriebssystem entworfen. Es handelt sich um eine streng typisierte strukturierte Programmiersprache. Zur Verbesserung der Tasking-Operationen und zur Unterstützung echtzeitspezifischer Programmierung wurden einige Anweisungen hinzugefügt. Alle Konstrukte, die zu zeitlich unvorhersagbarem Laufzeitverhalten führen können, wurden dagegen aus der Sprache entfernt oder geeignet modifiziert.

MiniPEARL ist für die Programmierung relativ kleiner eingebetterter Anwendungen mit harten Echtzeitanforderungen ausgelegt. Es hat die folgenden wesentlichen Merkmale.

1. *Es gibt keine Sprunganweisung.* Deren Verwendung kann zu unstrukturiertem und kaum handhabbarem Code führen. Stattdessen wurden EXIT- und LOOP-Anweisungen eingeführt. Die erstere wird zum vorzeitigen Verlassen innerster Strukturen benutzt, während die andere im REPEAT-Konstrukt zur sofortigen Initiierung des nächsten Schleifendurchlaufes dient. Mithin erweisen sich Marken außer für Prozedur- und Task-Deklarationen als überflüssig, weshalb auf sie verzichtet wird.

2. *Jeder Schleifenrumpf ist eng beschränkt.* In der REPEAT-Anweisung müssen untere und obere Schranken für die Zahl der Schleifendurchläufe mit zur Übersetzungszeit konstanten Ausdrücken definiert werden, so daß die längste Ausführungszeit einer Schleife abgeschätzt werden kann. Auch der WHILE-Teil wurde abgeschafft und kann durch explizite IF-Anweisungen innerhalb von Schleifen ersetzt werden. In PEARL waren beide optional. Die neue Syntax der REPEAT-Anweisung lautet somit:

    [FOR <id>] FROM <int-expression> [BY <int-expression>]
    TO <int-expression> REPEAT <block-tail>

3. *Zeiger und Rekursion sind nicht erlaubt.* Dynamische Datenstrukturen und Rekursion können ernsthafte Speicherverwaltungsprobleme zur Folge haben.

Sie können zeitlich nicht bestimmbare Aktionen erzeugen und deshalb bei der Zeitanalyse nicht berücksichtigt werden.

4. *Die Ausführungsdauer jeder Anweisung ist zeitlich begrenzt.* Befehle, deren Ausführung beliebig lange dauern kann, müssen in Echtzeitsystemen verboten werden. Alle Instruktionen müssen zeitlich überwacht werden und es muß explizit definierte Aktionen im Falle von Zeitüberschreitungen geben. Aus diesem Grund schlagen wir folgende Syntax vor:

<command> DURING <duration-constant> [NONPREEMPTIVELY]
ONTIMEOUT <statement>

Dabei sind <command> der überwachte Befehl, <duration-constant> eine zur Übersetzungszeit bekannte Konstante, die seine maximale Ausführungszeit definiert, und <statement> eine Anweisung oder ein Block, die/der bei Zeitüberschreitung ausgeführt wird. Das NONPREEMPTIVELY-Attribut stellt sicher, daß die umgebende Task nicht verdrängt werden kann.

Befehle, die überwacht werden müssen, sind Synchronisationsanweisungen mit Blockierung (LOCK und WAIT).

5. *Explizit zugesicherte Ausführungszeiten.* Auf Grund der Natur bestimmter Programme werden oft zu pessimistische Ausführungszeiten geschätzt. Zur Lösung dieses Problems muß der Programmierer zusätzliche Ausführungsinformationen geben. Das kann durch Einfügen neuer Konstrukte (Pragmas) in den Programmcode geschehen, wie in [13, 12] vorgeschlagen. Die Auflösung solcher Konstrukte verlangt jedoch eine komplexe Analyse und ist nicht in allen Fällen durchführbar. Deshalb wurde Systementwicklern die Möglichkeit geschaffen, die Ausführungszeit von Codesegmenten explizit zuzusichern. Die vom Analysator geschätzten Ergebnisse werden von den zugesicherten Zeiten außer Kraft gesetzt. Um jedoch zu garantieren, daß die tatsächliche Ausführungszeit eines Segmentes nicht länger als angegeben ist, muß dessen Ausführung zeitlich überwacht werden und es muß eine Ausweichreaktion für den Fall der Zeitüberschreitung vorgesehen sein:

DURING <duration-expression> DO <statement>
ONTIMEOUT <statement>

6. *DATIONs werden nicht verwendet.* Massenspeicher und asynchrone Ein-/Ausgabegeräte, wie sie in PEARL benutzt werden, sind für harte Echtzeitsysteme nicht geeignet. Deswegen und auf Grund der relativen Komplexität dieser Strukturen wurden DATIONs nicht in die Teilsprache aufgenommen. Auf Ein-/Ausgabegeräte (Register) wird auf niedrigerem Niveau durch PUT- und GET-Anweisungen zugegriffen:

PUT <expression> IN <output-variable>
GET <variable> FROM <input-variable>

7. *Verbessertes Task-Aktivierungsschema.* In MiniPEARL können Task-Aktivierung, -Deaktivierung usw. durch Unterbrechungen, zeitbezogene Bedingungen, spezifische Zustände oder Variablenwerte erfolgen:

<schedule> <tasking-operation-statement>

wobei es für <schedule> folgende Optionen gibt:

<schedule>::=<non-time-schedule>|<time-schedule>|<combined-schedule>

<non-time-schedule>::= WHEN <non-time-event> {OR <non-time-event>}
<non-time-event>::=<interrupt-id>|<shared-variable> [<rel-op> <exp>]
<time-schedule>::=<simple-time-schedule>|<periodic-time-schedule>
<simple-time-schedule>::= AT <time-exp>| AFTER <dur-exp>
<periodic-time-schedule>::=[<simple-time-schedule>] EVERY <dur-exp>
  [DURING <dur-exp>]
<combined-schedule>::=<non-time-schedule> OR <time-schedule>

Eine zeitbezogene kann mit einer nichtzeitbezogenen Bedingung kombiniert werden.

8. *Zuteilungsunterstützung.* Der im Betriebssystemkernprozessor implementierte Zuteilungsalgorithmus stützt sich auf die noch verbleibende Task-Ausführungszeit. Diese wird durch Subtraktion aus der maximalen Laufzeit einer Task und ihrer kumulierten Laufzeit berechnet. Die tatsächliche Ausführungszeit dürfte im Regelfall jedoch kürzer als die geschätzte sein. Zur Leistungsverbesserung kann wann immer nötig die UPDATE-Anweisung zur expliziten Zusicherung der noch maximal möglichen verbleibenden Ausführungszeit auf der Basis der bisher tatsächlich zur Task-Bearbeitung verbrauchten Zeit eingesetzt werden.

Von der Integration des Laufzeitanalysators in den Übersetzer werden bessere Resultate erwartet als sie statische Quellcodeanalyse liefern kann. Wenn bei statischer Analyse Optimierungen durchgeführt werden, ist ihr Effekt auf Programmlaufzeiten schwierig zu bestimmen. Bei unserer Methode kann jedoch sowohl global (auf Programmstrukturebene) als auch lokal (auf erzeugtem Objektcode) optimiert und dies in der Laufzeitanalyse berücksichtigt werden.

Der Übersetzer soll kompakten und effizienten Code erzeugen. Wegen der relativ einfachen Programmiersprache ist dies möglich und können Programme in ihrer Gesamtheit recht effizient global optimiert werden. Da es keine dynamischen Datenstrukturen gibt und nur zwei Gültigkeitsschachtelungsebenen benutzt werden, können die meisten Variablenadressen zur Übersetzungszeit berechnet werden, was zu schnellerem Code führt. Der Übersetzer ist auf das Zielsystem und dessen Registerstruktur hin optimiert.

Ursprünglich war der Bau eines vom Zielsystem unabhängigen Übersetzers eines unserer Ziele. Jedoch stellte sich heraus, daß zu verschiedene Ansätze für das Stapelmodell des Transputers und das Registermodell der Mikrocontroller und meisten anderen Prozessoren erforderlich waren. Deshalb verwarfen wir die Idee eines völlig systemunabhängigen Übersetzers und bauten für beide Architekturen je einen eigenen, die jedoch einen hohen Grad von Systemunabhängigkeit aufweisen.

Systemunabhängigkeit, effiziente Objektcodeerzeugung und, besonders wichtig, realistische Abschätzungen von Task-Laufzeiten wurden durch sogenannte Übersetzungsmakros erreicht. Diese Makros werden in der Codegenerierungsphase benutzt. Für jedes Zielsystem wird eine eigene Menge von Makros definiert und in einer zugeordneten Spezifikationsdatei abgelegt, die auch andere Informationen über das Zielsystem (Speicherbereiche, Frequenz der Systemuhr, internes Registermodell etc.) bereithält. Übersetzungsmakros enthalten alle Angaben über ihre Operanden. Dies gestattet die effektive lokale Optimierung des erzeugten Maschinencodes. Weiterhin werden in Übersetzungsmakros exakte Codeausführungszeiten angegeben, was die Bestimmung realistischer Programmlaufzeiten deutlich erleichtert.

Da das Zeitverhalten eines Programms als Ganzes von dem aller seiner Teile abhängt, muß Programmcode immer zusammen übersetzt werden, d.h. trotz modularer Programmorganisation ist getrennte Übersetzung von Modulen nur zur Syntaxprüfung zulässig.

Der Übersetzer formt zuerst den Quellcode einer Anwendung in eine Zwischenform um. Dazu werden ein modifizierter Syntaxbaum und natürlich Symboltabellen der Bezeichner, Prozeduren und Tasks aufgebaut. Auf diese interne Programmdarstellung wird die erste globale Codeoptimierung angewendet. Darauf folgen Codeerzeugung und Laufzeitanalyse.

## 4 Laufzeitanalyse

Wie erwähnt verwenden Codegenerierung und Laufzeitanalyse die gleichen Übersetzungsmakros. Jedes Element der Zwischenform eines Programms entspricht einem oder mehrerer vordefinierter Makros. Ein Makro zur Addition zweier ganzer Zahlen sieht z.B. folgendermaßen aus:

```
ADDI    MACRO
        ADD.L   &2,&1
        TIME    4,2
        ENDM
```

In diesem Makro wird der zweite Operand zum ersten addiert. Der Übersetzer ruft das Makro in der Codeerzeugungsphase auf und generiert den Ausgabecode entsprechend der angegebenen Befehle. Die Platzhalter &1 und &2 werden durch den ersten bzw. zweiten Aufrufparameter ersetzt. Code kann in Form von Assembler- oder Maschinensprache erzeugt werden. Im letzteren Fall läuft die Übersetzung schneller ab, der Code ist jedoch kaum lesbar und deshalb schwierig zu verifizieren.

Das gleiche Makro wird auch zur Laufzeitanalyse aufgerufen. Der erste Parameter der TIME-Angabe spezifiziert die gewöhnliche Ausführungszeit dieses Makros. Für Zeitangaben wurde nicht die Form von Attributen gewählt, weil zur Codeoptimierung bedingte Expansion von Makros zugelassen ist und Ausführungszeiten von Operandentyp und -wert abhängen (für Motorola-Prozessoren kann z.B. der Befehl ADD durch den schnelleren ADDQ ersetzt werden, sofern der zweite Operand konstant ist) können. Die genaue Ausführungszeit wird bestimmt, wenn das Makro durch den Übersetzer unter Angabe von Operanden aufgerufen wird. Ein Makroaufruf kann z.B. wie folgt aussehen:

```
ADDI L(4),3
```

wobei die Notation L(4) die Benutzung einer lokalen Variablen unter der relativen Adresse 4 und eines zweiten, konstanten Operanden bezeichnet. Durch Addition zusätzlicher Zeit für die Berechnung der effektiven Adresse und zum Holen und Speichern der Operanden ergibt sich schließlich die totale Ausführungszeit des Makros.

Der zweite Parameter in der TIME-Angabe stellt die gewöhnliche Länge des erzeugten Codes dar. Diese wird zur Berechnung relativer Sprünge benutzt, da Sprungentfernungen sowohl Codegenerierung als auch Ausführungszeiten beeinflussen können.

Task-Ausführungszeiten werden auf der Grundlage folgender einfacher Regeln berechnet:

- Für linearen, sequentiellen Code werden die Ausführungszeiten der darin enthaltenen Makros summiert.
- Bei alternativen (d.h. IF- und CASE-Anweisungen) Pfaden wird die längste Ausführungszeit (plus Verwaltungsaufwand) genommen.
- Für eine Iteration (Schleife) wird die Ausführungszeit des Schleifenrumpfes mit der maximalen Iterationsanzahl der Schleife (die in unserem Fall zur Übersetzungszeit bekannt ist) multipliziert.
- Die Ausführungszeiten von Systemroutinen müssen zur Laufzeitberechnung explizit zugesichert werden.

Da eine möglichst realistische Abschätzung von Task-Laufzeiten Vorbedingung für die Praktikabilität der Zuteilbarkeitsanalyse ist, besteht das Grundproblem darin, die Laufzeit eines Makros mit höchster Genauigkeit zu bestimmen. Parallelität in modernen Prozessorarchitekturen führt zu größten Schwierigkeiten bei solchen Abschätzungen.

Überlappende Phasen bei der Befehlsbearbeitung führen zu großer Abhängigkeit des Zeitverhaltens von Befehlsfolge, Operandentyp und manchmal sogar von Operandenwerten. Dieses Verhalten muß zur Gewinnung realistischer und brauchbarer Laufzeitabschätzungen berücksichtigt werden. Virtuelle Speicherverwaltungstechniken verursachen ebenfalls Unvorhersehbarkeit. Aus diesen Gründen ist es sehr schwierig und nicht selten sogar unmöglich, die Laufzeiten von Transputer-Programmen realistisch abzuschätzen. Bezeichnend ist, daß sogar der Hersteller des Transputers nur statistisch gewonnene Ausführungszeiten seiner Befehle spezifiziert [9, 11]. Unsere eigenen Messungen am T800 zeigten, daß die Ausführungszeiten der selben Instruktionsmenge in leicht veränderter Abfolge um mehr als 50% differieren können. Ohne detaillierte Kenntnisse der internen Architektur des Transputers konnten wir die funktionalen Abhängigkeiten zwischen Laufzeit und Befehlsabfolge nicht bestimmen.

Aus diesem Grunde und weil es keine einfache Lösung zur Implementation der Kontextumschaltung auf dem Gleitkommastapelspeicher (Transputer benutzen nicht explizit dem Anwenderprogramm zugängliche Spiegelregister) gibt, haben wir Transputer durch Mikrocontroller ersetzt.

Auf der anderen Seite verhält sich die MC68000-Familie mit ihrer relativ statischen Architektur sehr viel vorhersagbarer und kann deshalb leichter analysiert werden. Der einzige parallele Mechanismus in der MC68000-Grundarchitektur ist vorzeitiges Befehlsholen. Wenn ein solcher Prozessor einen Befehl bearbeitet, der keinen Speicherzugriff erfordert, wird bereits das erste Wort des nächsten Befehlscodes geholt. Vorzeitiges Befehlsholen ist jedoch völlig deterministisch und in die Ausführungszeit jeder Instruktion eingebunden. Die einzigen Unsicherheiten bei der Laufzeitabschätzung ergeben sich bei bestimmten Befehlen (Division, Multiplikation, Rotation etc.), deren Ausführungszeiten von den Werten ihrer Operanden abhängen. Auch die Verwendung eines Gleitkommakoprozessors ist problematisch, weil er parallel zum Hauptprozessor arbeitet.

Um mit allen diesen Problemen fertig zu werden, untersuchten wir mehrere verschiedenen Verfahren, bei denen allen Abhängigkeiten zwischen den Befehlen berücksichtigt werden müssen.

1. *Verwendung der maximalen Ausführungszeit.* Für jeden Transputer-Befehl (oder besser für jedes Makro) war die Maximallaufzeit zu ermitteln. Dazu lassen sich die Angaben des Herstellers heranziehen oder Messungen an einem existierende System vornehmen. Im zweiten Fall muß für jede Messung der ungünstigste Anfangszustand des Prozessors hergestellt werden, was viele Nachteile hat. Für rein sequentiellen Code werden auf diese Art zu pessimistische Resultate gewonnen, da die Abhängigkeiten zwischen den Befehlen nicht berücksichtigt werden.

2. *Berücksichtigung der Abhängigkeiten zwischen Befehlen mit einem "Bonus".* Bei der Analyse eines linearen Codesegments kann der Effekt einer Instruktion darin in der nachfolgenden Laufzeitabschätzung berücksichtigt werden. Der sogenannte Bonus kann zum Ausdruck dieser Abhängigkeiten eingeführt werden. Jedes Makro hat seinen eigenen Bonus, der zur Ausführungszeit des folgenden addiert oder davon subtrahiert wird. Das Abspeichern eines Ergebnisses beeinflußt z.B. ein folgendes Makro, da der Speicherschreibzyklus mit dem Holen des Befehlscodes der nächsten Instruktion überlappt. Mit Hilfe der Angabe

```
BONUS    2
```

kann dies berücksichtigt werden und in die Laufzeitberechnung des nächsten Makros einfließen.

3. *Berücksichtigung der Abhängigkeiten zwischen Befehlen durch Simulation.* Mit der zweiten Strategie können nur Abhängigkeiten zweier benachbarter Befehle (Makros) berücksichtigt werden. In manchen Situationen beeinflußt jedoch ein Befehl mehrere auf ihn folgende oder einen im laufenden Makro (dies kann bei langsamen Gleitkommaoperationen vorkommen, die zu Verzögerungen der Ergebnisberechnung in der Gleitkommaeinheit des Prozessors führen, während anderen Einheiten weiterarbeiten). Simulation der internen Abläufe in einem Prozessor ist die einzige geeignete Lösung dieses Problems. Jedes sequentielle Codesegment eines Programms wird simuliert und die Laufzeit berechnet. Dieser Ansatz erfordert vertiefte Kenntnisse über die internen Abläufe in einem Prozessor.

4. *Erzeugung von Pilotcode.* Obwohl Simulation genauere Resultate als statische Codeanalyse liefern kann, sind häufig die zum Bau eines Simulators erforderlichen Informationen nicht verfügbar. Die beste Lösung wäre deshalb Laufzeitmessung des ausführbaren Codes auf dem Zielsystem. Dazu muß dieses jedoch schon bereitstehen. Außerdem lassen sich die als Voraussetzung für brauchbare Laufzeitmessungen benötigten Extremsituationen oft nicht leicht herstellen. Zur Vermeidung dieses Problems kann der Übersetzer derart modifizierten Objektcode erzeugen, daß immer die Pfade mit den längsten Ausführungszeiten (es

werden immer die längsten Alternativen in IF- und CASE-Anweisungen durch Ersetzen der bedingten durch unbedingte Verzweigungen, die maximal möglichen Anzahlen von Schleifendurchläufen etc. gewählt) durchlaufen werden. Weiterhin können Ein-/Ausgabeanweisungen durch entsprechende Verzögerungen ersetzt werden. Mithin reicht ein nur teilweise fertiggestelltes oder ähnliches Zielsystem mit dem gleichen Prozessor für Messungen aus. Anstatt die Ausführungszeiten von Makros zu Grunde zu legen, kann der Übersetzer in Weiterverfolgung dieser Idee in ähnlicher Weise zur Laufzeitmessung auch Segmente sequentiellen Codes erzeugen, was zu genaueren Abschätzungen von Ausführungszeiten führt.

## 5 Schlußfolgerung und Ausblick

Weil zeitliche Vorhersehbarkeit Voraussetzung zur Zuteilbarkeitsanalyse eingebetteter Echtzeitsysteme ist, muß diese in solchen Systemen auf allen Ebenen gewährleistet sein. Auf der Hardware-Ebene erwiesen sich klassische CISC-Prozessoren im Hinblick auf die Laufzeitanalyse gegenüber RISC-Prozessoren als besser, da die Komplexität letzterer zu zeitlicher Unvorhersehbarkeit führt. Durch Betriebssysteme erzeugte Nichtdeterminismen lassen sich mittels Migration der Betriebssystemkerne auf Spezialprozessoren vermeiden. Darüber hinaus müssen Echtzeitprogrammiersprachen gewissen Einschränkungen unterworfen werden. Durch Einbettung des Laufzeitanalysators in den Übersetzer ließen sich realistischere Abschätzungen von Task-Laufzeiten erreichen.

Unsere weitere Arbeit ist auf die Verbesserung der Sprache hin ausgerichtet, indem einige z.Zt. eingeschränkte Merkmale (z.B. Rekursion) unter strenger Kontrolle zugelassen werden sollen. Wir ziehen ein noch stärker vereinfachtes MiniPEARL mit zusätzlichen Konstrukten aus Mehrrechner-PEARL für die Spezifikation der Hard- und Software eingebetteter Automatisierungssysteme in Erwägung.

Ebenfalls planen wir, die Anwendung der Echtzeitprogrammiersprache Mini-PEARL zur ausdrucksstarken und klaren Formulierung von Spezifikationen für Echtzeitsysteme hin auszuweiten, und zwar bzgl. der Hardware als auch der Software. Entsprechende, für Spezifikationszwecke geeignete Sprachkonstrukte sind zum Teil bereits vorhanden und können leicht verfeinert werden. Damit würden Software-Spezifikationen dann aus Texten zusammengesetzt sein, die zu einem großen Teil syntaktisch korrekte Programmstrukturen beschrieben. Details und Algorithmen würden in Form natürlichsprachiger Kommentare angegeben. Gemeinsam haben alle genannten Sprachelemente ihren inhärenten Dokumentationswert und ihre leichte Lesbarkeit. Darüber hinaus sind sie außerordentlich gut an die Anforderungen der Prozeßautomatisierung angepaßt. Ihre Syntax spiegelt die Grundkonzepte verteilter Echtzeitanwendungen in leicht lesbarer Form wider. Schließlich haben PEARL und MiniPEARL Sprachelemente, die in klassischen Programmiersprachen unbekannt sind. Deshalb sind beide sowohl als Programmier- als auch als Spezifikationssprachen insbesondere für Ingenieure geeignet.

# Literatur


1. R. P. Amerasinghe: A comprehensive compiler based timing analysis tool for real-time software. Master's thesis, University of Texas at Austin 1989.
2. M. Colnarič: *Predictability of Temporal Behaviour of Hard Real-Time Systems.* Dissertation, Universität zu Maribor 1992.
3. M. Colnarič und W. A. Halang: Architectural support for predictability in hard real-time systems. *Control Engineering Practice*, 1(1):51–59, 1993.
4. M. Colnarič, D. Verber und W. A. Halang: Design of embedded hard real-time applications with predictable behaviour. Proc. *First IEEE Workshop on Real-Time Applications*, pp. 193–197, Los Alamitos: Computer Society Press 1993.
5. *DIN 66 253: Programming Language PEARL, Teil 1: Basic PEARL.* Berlin-Köln: Beuth Verlag 1981.
6. W. A. Halang: On real-time features available in high-level languages and yet to be implemented. *Microprocessing And Microprogramming*, 12:79–87, 1983.
7. W. A. Halang: Definition of an auxiliary processor dedicated to real-time operating system kernels. Technical Report UILU-ENG-88-2228 CSG-87, University of Illinois at Urbana-Champaign, 1988.
8. W. A. Halang und A. D. Stoyenko: Comparative evaluation of high-level real-time programming languages. *Real-Time Systems*, 2(4):365–382, 1990.
9. J. Hinton und A. Pinder: *Transputer Hardware and System Design.* Hempstead: Prentice Hall 1991.
10. E. Kligerman und A. D. Stoyenko: Real-time Euclid: A language for reliable real-time systems. *IEEE Transactions on Software Engineering*, 12(9):941–949, 1986.
11. The transputer instruction set — a compiler writers' guide.
12. Ch. Y. Park: Predicting program execution times by analyzing static and dynamic program paths. *Real-Time Systems*, 5(1):31–62, 1993.
13. P. Puschner und Chr. Koza: Calculating the maximum execution time of real-time programs. *Real-Time Systems*, 1(2):159–176, 1989.
14. J. A. Stankovic und K. Ramamritham: Editorial: What is predictability for real-time systems. *Real-Time Systems*, 2(4):246–254, 1990.
15. A. D. Stoyenko: *A Real-Time Language With A Schedulability Analyzer.* PhD thesis, University of Toronto, 1987.

# Ein Verfahren zum Erwerb und zur Bereitstellung von Betriebserfahrungen


B. Boussoffara, P. Elzer
Institut für Prozeß- und Produktionsleittechnik
der Technischen Universität Clausthal
Julius - Albert - Straße 6
D38678 Clausthal - Zellerfeld, Germany
e-mail: boussoffara, elzer@ipp.tu-clausthal.de


**Vorwort**

Zur Erleichterung der Aufgaben des Bedieners bei der Überwachung und Führung komplexer technischer Prozesse werden verschiedene Unterstützungssysteme eingesetzt. Das Ziel solcher Unterstützungssysteme ist es im allgemeinen, Fehler bei der Erkennung und Klassifikation von Prozeßzuständen sowie Fehler bei der Planung und Ausführung der notwendigen Prozeßeingriffe zu verringern, und, soweit möglich, zu vermeiden. Im folgenden wird ein Unterstützungssystem vorgestellt, das in der Lage ist, flexibel und ohne unangemessen hohen Engineeringaufwand das Prozeß- und das Bedienerverhalten während des Prozeßgeschehens zu beobachten und zu lernen. Das Unterstützungssystem ist auch in der Lage, die Bediener technischer Anlagen bei der Analyse von Störungen und beim Eingreifen in den Prozeß durch die Gestaltung eines entsprechenden Dialogs zu unterstützen.


# 1     Einleitung

Bei der Realisierung eines wissensbasierten Unterstützungssystems werden Erfahrungen, die man während Planung, Entwurf oder Betrieb einer ähnlichen technischen Anlage oder durch eine gezielte Analyse bestimmter Prozeßzustände gewinnt, aufbereitet und in ein Unterstützungssystem eingebettet. Beim Vorliegen eines bestimmten Prozeßzustandes werden diese Erfahrungen dann dem Bediener bereitgestellt, um ihn in verschiedener Hinsicht zu unterstützen. Diese Erfahrungen beinhalten nicht nur die Beschreibung des Verhaltens eines bestimmten Prozesses beim Vorliegen von bestimmten Abweichungen, sondern auch die Prozeßeingriffe, die nötig sind, um einen Zielzustand, wie z. B. die Stabilisierung des Prozesses beim Vorliegen eines unerwünschten Prozeßzustandes, zu erreichen. Die meisten wissensbasierten Unterstützungssysteme benötigen aber a-priori Wissen [Takizawa u. a. 1994; Balzer u. a., 1992 (a), (b); Krebs u. a. 1991; Monta u. a. 1991; Elzer u. a. 1989].

Bei diesen Unterstützungssystemen bleibt das Wissen, das ein Bediener sich während der Überwachung und während der Führung eines technischen Prozesses angeeignet hat, ihm vorbehalten, da meistens keine angemessene Möglichkeit zur Verfügung steht, dieses Wissen von ihm zu erwerben, es in das Unterstützungssystem einzubringen und bei der nächsten passenden Gelegenheit bereitzustellen. Wird dieses Wissen benötigt, muß es vom Bediener durch besonders geschulte Experten ("Wisssensingenieure") abgefragt und formuliert werden. Diese Form des Wissenserwerbs ist häufig schwierig und kostenaufwendig. Außerdem sind die entstehenden Systeme nicht so einfach erweiterbar, wie dies ursprünglich erwartet wurde, da Änderungen in der Wissensbasis nicht ohne weiteres möglich sind, besonders, wenn diese an neuere Gegebenheiten angepaßt werden soll.

Im vorliegenden Papier wird eine Möglichkeit beschrieben, die einen flexibleren und einen adaptiven Wissenserwerb erlaubt. Sie beruht auf der Beschreibung des Prozeßverhaltens durch Merkmalsprofile. Für die Klassifikation werden anwendungsabhängig Ähnlichkeitskoeffizienten eingesetzt. Das Unterstützungssystem stellt sein Wissen dem Bediener bei der Erkennung von Prozeßzuständen und bei der Durchführung von Prozeßeingriffen mit Hilfe verschiedener Dialogformen bereit. Schließlich wird der Bediener bei der Navigation im Informationsraum durch entsprechende Visualisierung des Prozeßverhaltens und durch den Einsatz von einem Hilfsmittel unterstützt.

## 2    Wissenserwerb

### 2.1    Bildung eines Merkmalsprofils

Zu einem bestimmten Zeitpunkt $t_x$ kann man das Prozeßverhalten durch einen Augenblicksprozeßvektor $\underline{P}(t_x)$ Gl. 2.1 beschreiben. Er enthält alle Informationen über die einzelnen Prozeßwerte der Prozeßvariablen zu dem Zeitpunkt $t_x$.

$$\underline{P}^T\left(t_x\right) = \left(p_1(t_x),\ p_2(t_x),\ \ldots\ldots,\ p_n(t_x)\right),$$

(Gl. 2.1)

wobei n = Anzahl der Prozeßvariablen

Um Abweichungen feststellen zu können, benötigt man einen Bezugspunkt, der einen Betriebspunkt beschreibt. Die Betriebspunkte der jeweiligen Prozeßvariablen sind im Betriebspunktvektor $\underline{S}_{BP}$ in Gl.2.2 zusammengefaßt.

$$\underline{S}^T_{BP} = \left(s_1,\ s_2,\ \ldots\ldots,s_n\right)$$

(Gl. 2.2)

Die Betriebspunkte der einzelnen Prozeßvariablen verfahrenstechnischer Anlagen sind aber, wie aus Gl. 2.2 hervorgeht, nicht punktuell beschreibbar, sondern es wird jeder einzelnen

Prozeßvariablen ein zugehöriges Toleranzband zugewiesen. Der untere bzw. obere Grenzwert des zugewiesenen Toleranzbandes beschreibt den minimalen nicht zu unterschreitenden bzw. den maximalen nicht zu überschreitenden Wert der jeweiligen Prozeßvariablen. Die Toleranzbandvektoren sind durch $\underline{S}_{BP\,min}$ und $\underline{S}_{BP\,max}$ (Gl. 2.3) beschrieben.

$$\underline{S}_{BP\,min}^{T} = \left( s_{1\,min}, \; s_{2\,min}, \; \cdots \cdots, \; s_{n\,min} \right)$$

$$\underline{S}_{BP\,max}^{T} = \left( s_{1\,max}, \; s_{2\,max}, \; \cdots \cdots, \; s_{n\,max} \right)$$

(Gl. 2.3)

Befindet sich der Prozeß in einem ungestörten Zustand, gilt Gleichung 2.4. Wird diese Bedingung durch eine oder mehrere Prozeßvariablen verletzt, liegen Abweichungen vor.

$$s_{imin} \leq p_i(t_x) \leq s_{imax}, \; 1 \leq i \leq n$$

(Gl. 2.4)

Für die Klassifikation und die Erkennung von Situationen werden beim Vorliegen von Abweichungen (Gl. 2.4 wird verletzt) Merkmalsvektoren gebildet. Bei der Merkmalsbildung werden den zugehörigen Prozeßvariablen die entsprechenden Merkmalswerte nach Gl. 2.5 zugewiesen.

$$\begin{cases} m_i(t_x) = 1, \text{ wenn} & p_i(t_x) - s_i < s_{imin}, \text{ gefallen} \\[2mm] m_i(t_x) = 2, \text{ wenn} & s_{imin} \leq p_i(t_x) - s_i \leq s_{imax}, \text{ unverändert} \\[2mm] m_i(t_x) = 3, \text{ wenn} & p_i(t_x) - s_i > s_{imax}, \text{ gestiegen} \end{cases}$$

(Gl. 2.5)

Faßt man die Merkmalswerte der jeweiligen Prozeßvariablen in einem Vektor zusammen, bilden diese einen Augenblicksmerkmalsvektor $\underline{M}(t_x)$ (Gl. 2.6).

$$\underline{M}^{T}(t_x) = \left( m_1(t_x), \; m_2(t_x), \; \cdots \cdots ., \; m_n(t_x) \right)$$

(Gl. 2.6)

Eine Situation läßt sich durch mehrere solcher gebildeten Merkmalsvektoren, die mit dem Auftreten der ersten Abweichungen über einen bestimmten Zeitraum beobachtet worden sind, beschreiben. Um die Situation später wieder erkennen zu können, müssen diese beobachteten Merkmalsprofile gespeichert und über einen bestimmten Zeitraum mit den Augenblicksmerkmalsprofilen verglichen werden. Es findet also eine Klassifikation statt. Deren Funktionweise wird in den nächsten Abschnitten 2.2 und 2.3 genauer dargestellt.

## 2.2 Wahl eines Koeffizienten für die Klassifikation und die Erkennung von Situationen

Um ein gebildetes Augenblicksmerkmalsprofil mit den Merkmalsprofilen, die eine Situation beschreiben, vergleichen zu können, werden hier Ähnlichkeitskoeffizienten [Romesburg, 1984] eingesetzt. Zunächst wurden diese auf Erfüllung bestimmter Anforderungen, wie Wertebereich,

Berücksichtigung einer additiven oder multiplikativen Verschiebungen, überprüft. Nach der Durchführung eines anwendungsspezifischen Vergleichs stellte sich heraus, daß sich der Bray-Curtis-Koeffizient (Gl. 2.7) für die Klassifikation und für die Erkennung von Situationen am besten eignet.

$$b\left(\underline{M}(t_x),\underline{M}_{j_{\Omega_k}}\right) = \frac{\sum\limits_{i=1}^{N}\left| m_i(t_x) - m_{i_{j_{\Omega_k}}} \right|}{\sum\limits_{i=1}^{N} m_i(t_x) + m_{i_{j_{\Omega_k}}}}$$ (Gl. 2.7)

Der Bray-Curtis-Koeffizient ist aber eigentlich ein Unähnlichkeitskoeffizient. Ist er gleich Null, so liegen identische Merkmalsprofile vor. Eine maximale Ähnlichkeit ist erreicht. Ist er gleich eins, sind die Merkmalsprofile völlig verschieden. Diese Ähnlichkeitswerte sind kontraintuitiv, deshalb wird Gl. 2.7 leicht modifiziert und der Unähnlichkeitskoeffizient in einen Ähnlichkeitskoeffizienten (Gl. 2.8) umgewandelt.

$$b_a\left(\underline{M}(t_x),\underline{M}_{j_{\Omega_k}}\right) = 1 - \frac{\sum\limits_{i=1}^{N}\left| m_i(t_x) - m_{i_{j_{\Omega_k}}} \right|}{\sum\limits_{i=1}^{N} m_i(t_x) + m_{i_{j_{\Omega_k}}}}$$ (Gl. 2.8)

Der Wertebereich dieses Koeffizienten liegt wiederum zwischen null und eins, aber die Bedeutung der Wertegrenzen hat genau den umgekehrten Sinn wie bei Gl. 2.7, d. h. bei eins liegt vollkommene Ähnlichkeit vor und bei null sind die Merkmalsprofile völlig verschieden.

## 2.3 Entscheidungsmuster, Bildung einer Situationsklasse

Treten Abweichungen auf (Gl. 2.4 wird verletzt), wird zunächst das durch den Augenblicksmerkmalsvektor $\underline{M}(t_x)$ (Gl. 2.6) beschriebene Merkmalsprofil anhand des Bray-Curtis-Koeffizienten mit den anderen bekannten durch $\underline{M}_{j_{\Omega_k}}$ (Gl. 2.9) beschriebenen Situationsmerkmalsprofilen der Situationsmerkmalsklassen $\Omega_k$ aus der Vergangenheit verglichen.

$$\underline{M}^T_{j_{\Omega_k}} = \left( m_{1_{j_{\Omega_k}}} , \; m_{2_{j_{\Omega_k}}} , \; \ldots \ldots , m_{n_{j_{\Omega_k}}} \right),$$

wobei: $1 \leq k \leq K$; $1 \leq j_{\Omega_k} \leq N_{\Omega_k}$; $k, j_{\Omega_k} \in N$

$\Omega_k$ : bekannte Situationsmerkmalsklasse

K : Anzahl der bekannten Situationsklassen

$N_{\Omega_k}$ : Anzahl der Merkmalvektoren pro Klasse

(Gl. 2.9)

Das Unterstützungssystem entscheidet sich nach folgendem Muster:

$$1 - \varepsilon \leq b_a(\underline{M}(t_x), \underline{M}_{j_{\Omega_k}}) \leq 1 \; \Rightarrow \; \underline{M}(t_x) \in \Omega_k; \; 1 \leq k \leq K; \; 1 \leq j_{\Omega_k} \leq N_{\Omega_k}; \; k, j_{\Omega_k} \in N$$

$$b_a(\underline{M}(t_x), \underline{M}_{j_{\Omega_k}}) < 1 - \varepsilon \; \Rightarrow \; \underline{M}(t_x) \in \Omega_{K+1}$$

$\Omega_k$ : bekannte Situationsmerkmalsklasse

K : Anzahl der bekannten Situationsklassen

$N_{\Omega_k}$ : Anzahl der Merkmalvektoren pro Klasse

$\varepsilon$ : Zulässige Ähnlichkeitsabweichung

Beim ersten Fall wird das vorliegende Merkmalsprofil einer Situationsklasse $\Psi_k$ eindeutig zugeordnet. Im zweiten Fall bereitet das System die Bildung einer neuen Situationsklasse $\Psi_{K+1}$ vor. Eine Situationsklasse $\Psi_k$ beschreibt eine Situationsmerkmalsklasse $\Omega_k$, die die nötigen Informationen enthält, um die Situation zu beschreiben, und eine zugehörige Prozeßeingriffsklasse $I_k(\Omega_k)$, die die Beschreibung der notwendigen Eingriffe enthält, um den Prozeß beim Auftreten einer solchen Situation zu stabilisieren.

Weist der berechnete Ähnlichkeitskoeffizient einen Wert zwischen 1-$\varepsilon$ und 1 auf, so wird der Augenblickmerkmalsvektor einer bekannten Situationsmerkmalsklasse $\Omega_k$ zugeordnet, die automatisch auf die zugehörige Prozeßeingriffsklasse $I_k(\Omega_k)$ verweist.

Durch die zulässige Ähnlichkeitsabweichung $\varepsilon$ kann man die Entscheidungen des Systems beeinflussen. Wenn $\varepsilon$ sehr klein gewählt oder gleich null gesetzt wird, reicht es schon aus, daß eine Prozeßvariable ein anderes Merkmal als erwartet aufweist, um die vorliegende Situation als unbekannt einzustufen und die Bildung einer neuen Situationsklasse vorzubereiten.

Beim Vorliegen einer unbekannten Situation (d. h. der berechnete Ähnlichkeitskoeffizient ist kleiner als 1-ε) werden alle dem Unterstützungssystem unbekannten Augenblicksmerkmalsvektoren protokolliert. Eine neue Situationsmerkmalsklasse $\Omega_{K+1}$ wird zur Aufnahme in die Wissensbasis vorbereitet. Sobald der Bediener Eingriffe in den Prozeß durchzuführen beginnt, merkt sich das System diese Eingriffe und bereitet eine neue Prozeßeingriffsklasse $I_{K+1}(\Omega_{K+1})$ vor. Die durchzuführenden Eingriffe werden mit den folgenden Attributen versehen:

- ein Zeitstempel, wann die Interaktion stattgefunden hat,
- die betätigten Stellglieder und Komponenten sowie
- die dabei eingestellten Stellgrößen.

Diese Information ist besonders wichtig, wenn das System später einzelne Eingriffe oder Prozeduren übernehmen soll. Das Unterstützungssystem meldet dem Bediener, daß die Bildung einer neuen Situationsklasse vorbereitet wird und wartet, bis dieser ihm den Befehl erteilt, die Wissensbasis durch diese neue Situationsklasse zu erweitern. Die Situationsmerkmalsklasse $\Omega_{K+1}$ und die Prozeßeingriffsklasse $I_{K+1}(\Omega_{K+1})$ bilden zusammen die Situationsklasse $\Psi_{K+1}$ . Bei der Ergänzung der Wissensbasis durch eine neue Situationsklasse verlangt das System nach einer "alphanumerischen" Bezeichnung der neuen Situationsklasse $\Psi_{K+1}$ . Unter dieser Bezeichnung lernt das System alle Merkmalsvektoren, die die Situationsmerkmalsklasse $\Omega_{K+1}$ beschreiben und ordnet ihr die neu gebildete Prozeßeingriffsklasse $I_{K+1}(\Omega_{K+1})$ zu.

## 3 Wissensbereitstellung bei der Erkennung von Situationen

Beim Vorliegen unbekannter Situationen setzt das Unterstützungssystem den Bediener davon in Kenntnis, daß es sich hier um eine neue Situation handelt (s. Abb. 3.1), und bereitet die Bildung einer neuen Situationsklasse vor. Ab jetzt muß der Bediener selbst herausfinden, welche Situation vorliegt. Er muß eine Analyse durchführen.

Abb. 3.1: Meldung, wenn eine unbekannte Situation vorliegt.

Nach der Durchführung der Analyse und der Stabilisierung des Prozesses kann der Bediener über die Aufnahme der neuen Situationsklasse entscheiden. Sollte sich der Bediener für die Aufnahme der neuen Situationsklasse entscheiden, verlangt das System eine alphanumerische Bezeichnung der neuen Situationsklasse (s. Abb. 3.2), die vom Bediener frei wählbar ist. Unter dieser Bezeichnung lernt das System die neue Situationsklasse.

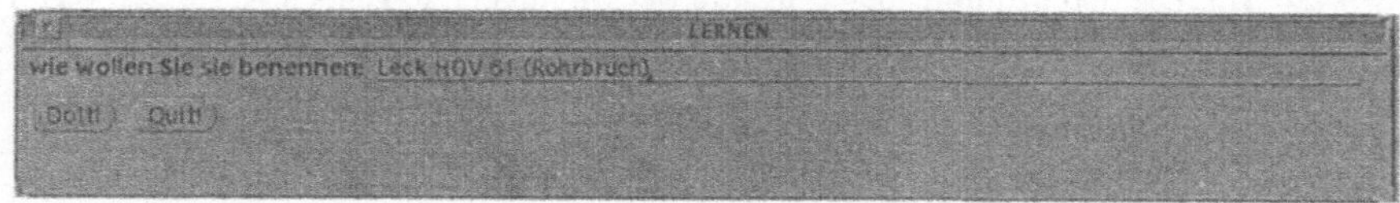


Abb. 3.2: Frei wählbare Eingabe der Bezeichnung einer neuen Situationsklasse.

Liegen jedoch eine oder mehrere dem System bekannte Situationen vor, zeigt das System in Form eines Radialgraphen (s. Abb. 3.3), wie es sich entschieden hat. Diese Graphen stellen die on-line berechneten Ähnlichkeitswerte des momentanen Merkmalsprofils zu allen Merkmalsprofilen der bekannten Situationsklassen graphisch in einem Radialgraphen dar [Boussoffara, 1996].

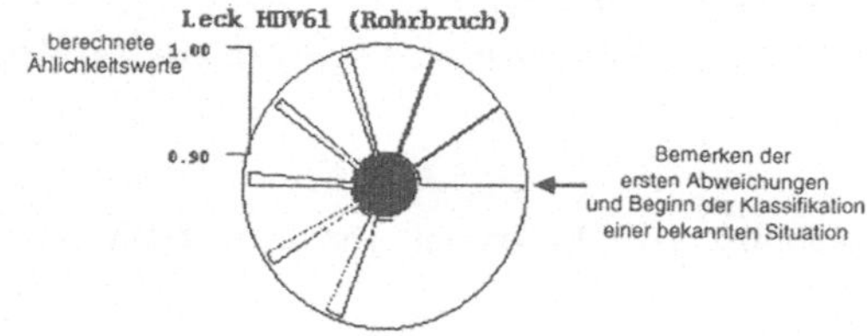


a) Es wird ein Verdacht auf Leck in HDV 61 geschöpft

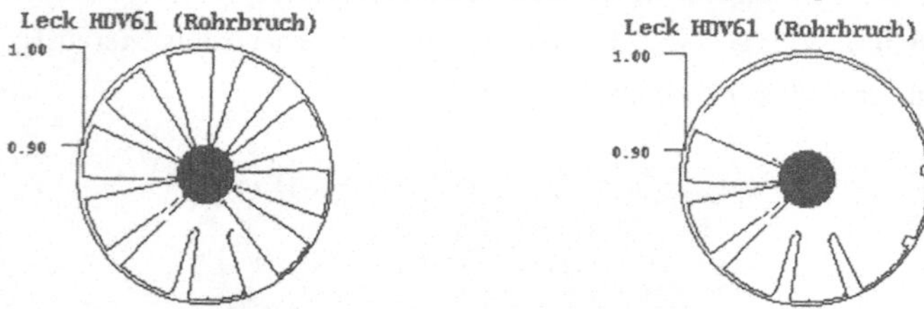


b) der Verdacht bestätigt sich allmählich     c) das System ist sicher, daß ein Leck vorliegt

Abb. 3.3: Visualisierung der Entscheidung des Systems beim Vorliegen einer bekannten Situation.

Der Radialgraph erhält die Bezeichnung, unter der das System die Situationsklasse gelernt hat. Der Bediener findet seine eigenen Bezeichnungen wieder, was sehr hilfreich ist, um diesen Hinweis schnell zu interpretieren. Diese Hinweise vom System sollen dazu dienen, dem Bediener, besonders beim Vorliegen einer Unsicherheit seinerseits hinsichtlich der Klassifizierung einer Situation, schnell und ohne Umwege zu einer Entscheidung kommen zu lassen.

Die gezeigten Graphen sind maussensitiv, damit später, wenn eine Unterstützung hinsichtlich der Eingriffe im Prozeß seitens des Bedieners gebraucht wird, die angeforderte Unterstützung in einer verbalisierten Form erscheint. Beim Anwählen eines der Graphen wird dem Bediener ein Bedienfeld angezeigt, das ihm erlaubt, die nötigen Prozeßeingriffe zur Stabilisierung des Prozesses vom Unterstützungssystem auflisten zu lassen.

## 4 Wissensbereitstellung bei der Durchführung von Prozeßeingriffen

Liegen Prozeßzustände vor, die einen Handlungsbedarf erfordern, muß der Bediener die nötigen Prozeßeingriffe durchführen, um den Prozeß wieder zu stabilisieren. Anhand der Handlung - hier Aufschaltung eines Bedienfeldes zur Bedienung einer Komponente - wird dies vom System als der Beginn der Ausführung eines Prozeßeingriffes interpretiert. Das System bringt dieses in Relation mit dem ihm vorhandenen Wissen und leitet die entsprechenden Maßnahmen ein, um in einen Dialog mit dem Bediener zu treten und um eventuelle Fehler beim Eingreifen in den Prozeß zu vermeiden oder ihn bei der Durchführung von Prozeßeingriffen zu unterstützen. Liegt dem System eine bekannte Situation vor, werden die Handlungen des Bedieners hinsichtlich eines Eingreifens in den Prozeß beobachtet und auf Konsistenz mit den früher erfolgreich durchgeführten Prozeßeingriffen geprüft. Dabei können die folgenden Inkonsistenzen oder Fehler aufgedeckt werden, die wie folgt klassifiziert werden [Hollnagel, 1991] :

- Ausführung eines nicht vorgesehenen Prozeßeingriffes (Intrusion)
- Ersetzen eines Prozeßeingriffes durch einen anderen (Replacement)
- Versäumnis eines Prozeßeingriffes (Omission)
- Wiederholung eines Prozeßeingriffes (Repitition)
- Umkehrung der Reihenfolge von Prozeßeingriffen (Reversal)

Das System ist in der Lage, solche Fehler vermeiden zu helfen, indem es den Bediener bei der Durchführung von Eingriffen berät und korrigierend interveniert. Die dabei entstehenden Dialoge werden unten diskutiert. Ferner ist das System in der Lage, die Durchführung von Prozeßeingriffen, falls dies vom Bediner gewünscht wird, zu übernehmen und gegebenenfalls an neuere Gegebenheiten anzupassen. Der Bediener kann auch eine Hilfe bei der Durchführung von

Prozeßeingriffen aufrufen. Hierbei kann das Unterstützungssystem alle nötigen Prozeßeingriffe auflisten oder vom Bediener gewünschte einzelne Prozeßeingriffe oder ganze Prozeduren übernehmen. Übernimmt das System Eingriffe in den Prozeß, so führt es sie wie gelernt aus, d. h. der Zeitpunkt der Ausführung und der neue Stellwert der betreffenden Prozeßkomponente werden respektiert. Liegt jedoch eine unbekannte Situation vor, so meldet das System dem Bediener, daß es sich um eine neue Situation handelt. Unter diesen Umständen läßt das System Prozeßeingriffe zu und bereitet die Bildung der neuen Situationsklasse vor [Boussoffara, 1996].

Zur Vermeidung der oben genannten Fehler beobachtet das System die Handlungen des Bedieners und vergleicht sie chronologisch mit den für die Stabilisierung des Prozesses nötigen Prozeßeingriffen. Sollte bei der Durchführung von Prozeßeingriffen einer der oben genannten Fehler festgestellt werden, wird dies dem Bediener, wie in Abb. 4.1 dargestellt, mitgeteilt. Die Mitteilung enthält nicht nur die Warnung, daß Inkonsistenzen vorliegen, sondern auch einen alternativen Handlungsvorschlag [Boussoffara, 1996].

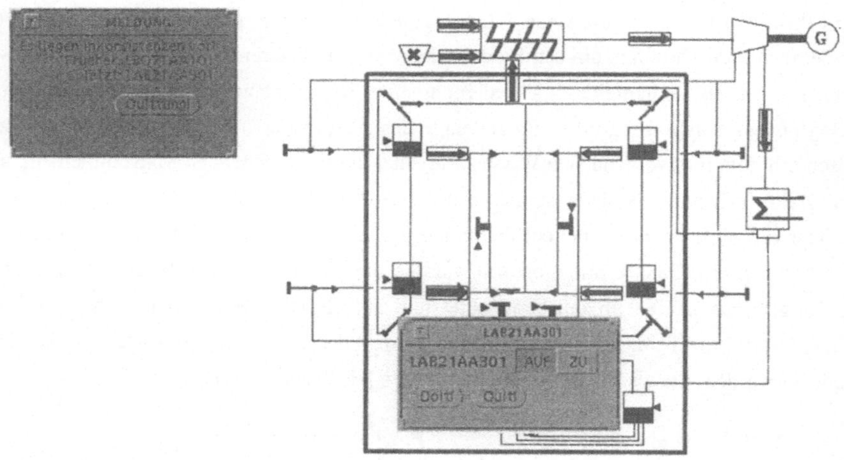

Abb. 4.1: Eine Inkonsistenz bei der Durchführung von Prozeßeingriffen mit einem alternativen Handlungsvorschlag.

Sollte der Bediener immer noch der Meinung sein, daß weitere Eingriffe durchgeführt werden müssen - obwohl alle nötigen Prozeßeingriffe erfolgreich durchgeführt worden sind - meldet das System, daß er eigentlich mit der Behandlung der Situation fertig ist (s. Abb. 4.2), und fragt nach, ob er auch sicher ist, diesen Eingriff unternehmen zu wollen. Ist er jedoch dieser Meinung, weil er z. B. dazugelernt hat, daß dieser Eingriff notwendig ist, wird die Prozeßeingriffsklasse automatisch durch diesen neuen Prozeßeingriff ergänzt.

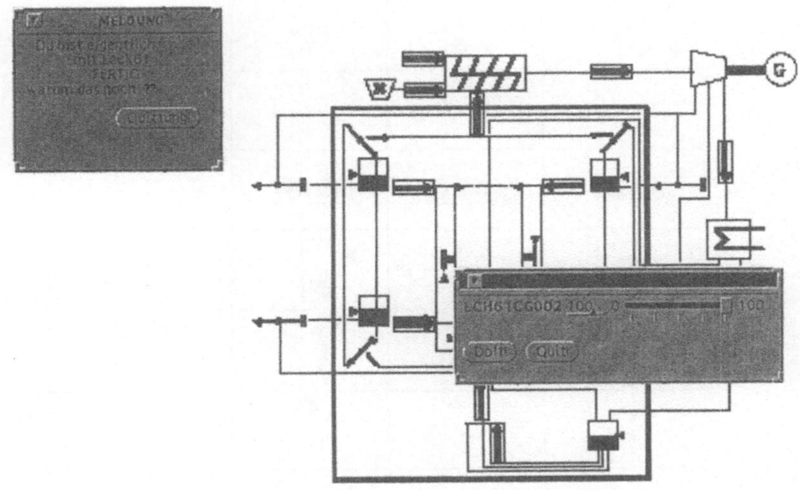

Abb. 4.2: Aufdeckung einer Inkonsistenz, Dialog zur Ergänzung einer
bekannten Prozedur.

Liegen jedoch mehrere Situationen vor, so kann sich der Bediener kognitiv entlasten lassen, indem er dem System die Durchführung von bestimmten Eingriffen oder Prozeduren überläßt. Das Unterstützungssystem zeigt dem Bediener nicht nur seine Entscheidungen, sondern es bietet ihm Hilfe zur Übernahme einzelner Eingriffe oder ganzer Prozeduren an. Beim Anwählen der Anzeige des Entscheidungsweges zeigt das System dem Bediener die Art der durchzuführenden Eingriffe an, versehen mit den oben erwähnten Attributen.

Der Bediener kann einzelne oder mehrere Prozeßeingriffe dem System überlassen [Boussoffara, 1996]. Die Übernahme von Eingriffen ist sehr hilfreich und kann den Bediener kognitiv entlasten, wenn er z. B. unter Zeitdruck gerät oder wenn eine andere Situation bei der Behandlung der schon vorliegenden auftaucht, die seine ganze Aufmerksamkeit verlangt.


## 5    Weitere Merkmale des Unterstützungssystems

Für die Visualisierung des Prozeßverhaltens wurden eigens entwickelte Symbole, "Dynamic Icons" (s. Abb. 5.1) genannt, eingesetzt [Boussoffara, 1996].

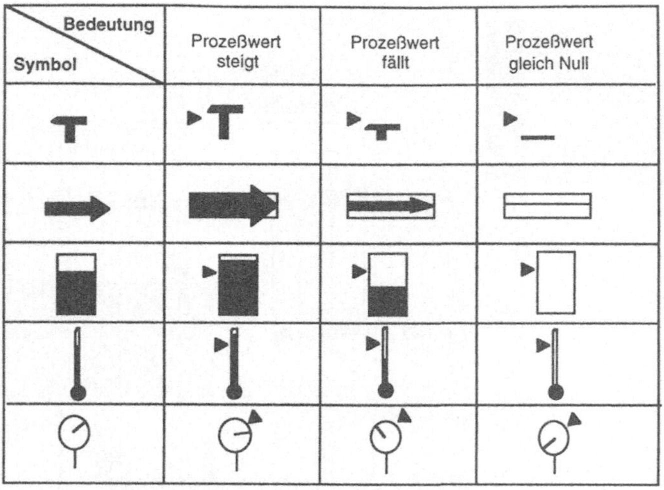

80

| Symbol \ Bedeutung | Prozeßwert steigt | Prozeßwert fällt | Prozeßwert gleich Null |
|---|---|---|---|
|  |  |  |  |
|  |  |  |  |
|  |  |  |  |
|  |  |  |  |
|  |  |  |  |

Abb. 5.1: "Dynamic Icons".

Um das Verhalten der einzelnen Prozeßvariablen zu visualisieren, werden die "Dynamic Icons" unter Berücksichtigung der Funktionalitäten der Teilsysteme untereinander verknüpft. Es ergibt sich, wie in Abb. 5.2 dargestellt ist, ein "**Dynamic Icons Interface**" (DII), das ein Detailbild des Hochdruckvorwärmers darstellt.

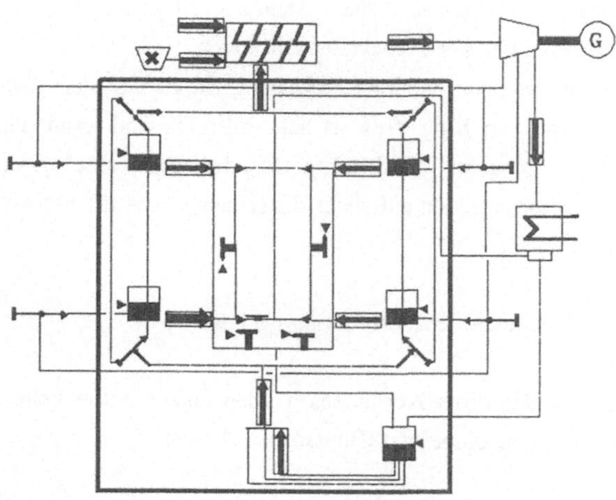

Abb. 5.2: DII für den Hochdruckvorwärmer

Diese Visualisierungform soll den semantischen Informationsaustausch zwischen Bediener und System unterstützen. Der Bediener soll hierbei auf einem direkten Weg den Zustand einer Prozeßvariablen wahrnehmen und interpretieren. Bei der konventionellen Darstellung muß der Bediener zunächst die Information über die Prozeßgröße der jeweiligen Komponente zuordnen und ständig den aktuellen Wert der Prozeßvariablen beobachten, um eine Aussage über deren Zustand treffen zu können. Dadurch wird häufig seine Aufmerksamkeit überfordert. Hier ist das nicht der Fall. Man kann direkt wahrnehmen, ob sich ein Ventil öffnet oder schließt, ob ein Füllstand sinkt oder steigt, ob ein Massenfluß größer oder kleiner wird, usw.. Damit der Bediener bei der Informationsverarbeitung nicht überlastet wird, werden "Dynamic Icons" durch ein besonderes Polardiagramm ergänzt, das neue und besondere Eigenschaften besitzt. Es wird der Begriff "Prozeßnotiz" eingeführt [Boussoffara, 1996]. Die "Prozeßnotiz" stellt hier ein mnemotechnisches Hilfsmittel dar. Sie soll den Bediener bei der Navigation in dem komplexen Informationsraum unterstützen, indem sie ihm erlaubt, frei wählbare Zusammenhänge zu erstellen. Der Bediener wird in die Lage versetzt, aus dem komplexen Informationsraum für ihn und für die Beurteilung des Prozeßverhaltens wichtig erscheinende Informationen "herauszupicken". Gegenüber dem Ansatz von Woods [Woods u. a. 1981] bietet die "Prozeßnotiz" den Vorteil, daß sie vom Bediener frei gestaltet werden kann und nicht vom Designer diktiert wird.


## 6 Zusammenfassung und Ausblick

In diesem Papier wurde eine Möglichkeit dargestellt, wie man Betriebserfahrungen während des Prozeßgeschehens flexibel und praktisch ohne Engineeringaufwand erwerben kann. Es wurde auch gezeigt, wie man erworbenes Wissen dem Bediener bei der Erkennung und bei der Durchführung von Prozeßeingriffen zur Verfügung stellen kann. Ferner wurde eine neue Visualisierungsform für die Prozeßgrößen eingeführt, die "Dynamic Icons Interfaces", die es erlaubt, semantische Informationen zwischen System und Bediener auszutauschen. Um den Bediener bei der Navigation im komplexen Informationsraum unterstützen zu können, wurde ein mnemotechnisches Hilfsmittel, genannt "Prozeßnotiz", entwickelt. Dieses Unterstützungsystem soll andere Unterstützungssysteme ergänzen und mit ihnen kooperieren. Die beschriebebenen Techniken dienen der weiteren Erhöhung der Sicherheit von Menschen und Anlagen und bewirken eine Verbesserung der Prozeßführungsqualität.


## Literatur

Balzer, D.; May, V.; Strake, U. (1992): *Wissensgestützte Prozeßführung. Teil1: Entwicklung und Weiterentwicklung der Expertensystem-Shell PROCON.* In: atp (34) 1, S. 36-43.

Balzer, D.; May, V.; Starke, U. (1992): *Wissensgestützte Prozeßführung. Teil 2: Anwendungen zur Prozeßsicherung.* In: atp (34) 2, S. 85-92.

Boussoffara, B. (1996): *Ein Verfahren zur Bereitstellung von Betriebserfahrungen zur Unterstützung der Bediener technischer Anlagen.* Dissertation. Technische Universität Clausthal.

Elzer, P.; Weisang, C.; Zinser, K. (1989): Knowledge-based System Support for Operator Tasks in S&C Environments. In: IEEE - Conf. on Systems, Man and Cybernetics.

Hollnagel, E. (1991): *The phenotype of erroneous actions: Implications for HCI Design.* In: Human Computer Interaction and Complex Systems. George R. S. Weir, J. L. Alty (Eds.). Academic Press: Harcourt Brace Jonavich, Publishers. Chapter 4.

Krebs, V.; Respondek, T. (1991): *Automatisierung komplexer chemischer Prozesse durch Echtzeit-Expertensysteme.* In: atp (33) 2, S. 82-86.

Monta, K.; et al. (1991): *An intelligent man-machine system for BWR nuclear power plants.* In: AI91, Frontiers in Innovative Computing for Nuclear Industry, American Nuclear Society, Chicago, S. 383-392.

Romesburg, H.C. (1984): *Cluster Analysis for Researchers.* Belmont, California: Lifetime Learning Publications.

Takizawa, Y.; et al. (1994): *An intelligent man machine system for future nuclear power plants.* In: Nuclear Technology, 107, S. 72-82.

Woods, D. D.; Wise, J. A.; Hanes, F. L. (1981): *An Evaluation of Nuclear Power Plant Safety Parameter Display Systems.* In: 5th Annual Meeting of the Human Factors Society, S. 1001-1014.

# Echtzeit-Expertensystem-Shell mit Simulatorkopplung


Rolf Müller, Andreas Kroll, Jörg Piesch

HTWK Leipzig, Fachbereich Elektrotechnik, PF 66, 04251 Leipzig, e-mail:
rolf@plt.th-leipzig.de



**Zusammenfassung** Im folgenden wird die Kopplung der Expertensystem-Shell G2 mit dem Simulationssystem PARSIP beschrieben. Ziel
ist die Schaffung eines leistungsfähigen Systemverbunds, wie er für die
Überwachung und Steuerung komplexer technischer Prozesse benötigt
wird. Die entwickelte Lösung geht davon aus, daß das Simulationssystem
als kooperative Komponente des Expertensystems arbeitet und diesem
auf Anforderung Prognosedaten zur Verfügung stellt. Das Expertensystem wird dadurch in die Lage versetzt, die zukünftige Entwicklung des
von ihm zu steuernden Prozesses unter tatsächlichen oder angenomme-
nen Betriebsbedingungen zu analysieren und somit Störungen frühzeitig zu erkennen, Auswirkungen eingetretener Havarien bzw. geplanter
Steuerungsmaßnahmen voreilend zu bewerten und für den jeweiligen Fall
geeignete Steuerungsmaßnahmen auzuwählen. Das System wird für die
Ausbildung auf dem Gebiet der Automatisierungstechnik an der HTWK
Leipzig eingesetzt.


## 1 Einleitung

Moderne Produktionssysteme der chemischen Industrie, der Energietechnik, der
Biotechnologie usw. sind häufig sehr komplex und durch Kopplungen unterschiedlicher Teilanlagen bzw. -prozesse steuerungstechnisch schwer beherrschbar. Ein störungsbedingtes Ab- bzw. Anfahren der Anlagen ist daher oft kom-
pliziert, langwierig und kostspielig. Deshalb soll das Automatisierungssystem
dieser Anlagen Störungen erkennen, deren Ursachen analysieren und darauf mit
Steuerungsmaßnahmen reagieren, die die Störungsauswirkungen möglichlichst
gering halten. Hauptprobleme sind dabei das möglichst frühzeitige Erkennen
der Störungen und bei komplexen Produktionssystemen auch die Vorhersage
der Störungsauswirkungen im Hinblick auf notwendige Störungsreaktionen sowie die Beurteilung der Effektivität möglicher Steuerungsmaßnahmen. Wesentliche Unterstützung bei der Lösung dieser Probleme kann die Einbindung einer
Simulationskomponente in das Automatisierungssystem geben. Dieser Thema-
tik sind die folgenden Darlegungen gewidmet. Beschrieben wird die Kopplung
der Expertensystem-Shell G2 der Firma Gensym mit der Simulationsumgebung
PARSIP, die an der HTWK Leipzig entwickelt wurde [1, 4]. Auf der Shell G2 ba-
sierende Expertensysteme werden zur Überwachung und Steuerung technischer

Prozesse in der Verfahrens- und Fertigungstechnik, der Energieversorgung, der Telekommunikation usw. eingesetzt und sind dabei oft Komponenten komplexer Prozeßleitsysteme. Mit Hilfe von Prognosedaten, die das Simulationssystem auf Anforderung des Expertenystems bereitstellt, kann das Expertensystem Aufgaben der Prozeßdiagnose und der Entscheidungsfindung im Sinne der genannten Zielstellung besser lösen, als das allein unter Verwendung von meßtechnisch erfaßten Prozeßdaten möglich wäre. Das Verbundsystem G2-PARSIP dient in der Lehre der Vermittlung von Kenntnissen zur technischen Realisierung moderner Methoden der Prozeßführung.

## 2  Simulationsgestützte Prozeßführung

Die mittels Simulation lösbaren Aufgaben der Prozeßführung lassen sich in die Kategorien Prozeßbeobachtung, Prozeßprognose und Prozeßdiagnose einordnen [2, 3].

### Prozeßbeobachtung

Prozeßdaten, die für die Prozeßführung wichtig bzw. notwendig sind, liegen nicht immer als Meßgrößen vor. Ihre meßtechnische Erfassung kann technisch nicht möglich oder wirtschaftlich nicht sinnvoll sein. In diesen Fällen können, sofern ein ausreichend genaues Prozeßmodell existiert, die Zustandsgrößen des Prozesses oder daraus abgeleitete Größen nach dem Prinzip des Luenberger-Beobachters oder Kalman-Filters durch prozeßsynchrone Simulation ermittelt werden.

### Prozeßprognose

Ausgehend vom aktuellen Zustand (Zeitpunkt $t_0$), der durch Messung oder Prozeßbeobachtung bekannt ist, liefert die Prozeßprognose die Werte von Prozeßgrößen im Intervall $(t_0, t_0+T_P)$. Die Simulationsrechnung zur Ermittlung der Prognosewerte muß sich dabei auf geschätzte bzw. angenommene Werte der Prozeßeingangsgrößen stützen. Die Vorhersage des Prozeßverhaltens ist einerseits für die prozeßbegleitende Störungsfrüherkennung und für Sicherheitsanalysen und andererseits für die Prüfung der Wirkungen geplanter Steuerungsmaßnahmen von Bedeutung. Die unterschiedlichen Zielstellungen der Prognose haben Auswirkungen auf die Steuerung der Simulation. Im folgenden wird daher zwischen prozeßbegleitender und ereignisorientierter Prognose unterschieden.

### Prozeßdiagnose

Aufgabe der Prozeßdiagnose ist das Erkennen und Klassifizieren von Störungen in den Produktionsanlagen. Dabei sind insbesondere die Fälle von Bedeutung, bei denen sich Störungen schleichend anbahnen und daher mit den klassischen Methoden nicht frühzeitig entdeckt werden. Als modellgestützte Methode bietet sich u.a. die statistische Auswertung der Differenzen zwischen gemessenen und durch Simulation berechneten Werten von Prozeßgrößen an. Nehmen diese signifikante Werte an, dann besteht keine Konsistenz zwischen Modell und realem Prozeß, d.h. die bei der Entwicklung des Modells getroffenen Annahmen über das Prozeßverhalten entsprechenen nicht mehr der Realität. Wurde beispielsweise das Modell für den Normalbetrieb des Prozesses entwickelt, so deuten die Fehler auf Abweichungen vom Normalzustand, d.h. auf einen Störzustand, hin. Die Multi-Modell-Diagnose[3] ist eine Erweiterung des beschriebenen Prinzips. Bei dieser werden neben dem Normalzustand auch wesentliche Fehlerzustände einzeln modelliert und für alle Modelle die Abweichungen zwischen den berechneten Werten und den erfaßten Prozeßmeßwerten bestimmt. Es wird dann davon ausgegangen, daß sich der Prozeß in dem Zustand befindet, der durch das Modell mit der geringsten Abweichung von der Wirklichkeit beschrieben wird.

## 3 Simulationssystem PARSIP

PARSIP wurde nicht als eigenständiges Simulationssystem, sondern als Komponente eines komplexen Prozeßleitsystems konzipiert[4]. Es verfügt daher nur über eine schwach ausgebildete Mensch-Maschine- Kommunikation, besitzt aber eine Schnittstelle für die Einbindung in ein verteiltes Automatisierungssystem. Seine Aufgaben umfassen die prozeßbegleitende und die ereignisorientierte Prognose. Außerdem verfügt PARSIP noch über eine Komponente, in die Softwarebausteine für die prozeßbegleitende Störungserkennung integriert werden können.

Bei der Prozeßprognose muß die Simulation wesentlich schneller als der reale Prozeß ablaufen (1:5 bis 1:100), damit die Ergebnisse noch für eine Beeinflussung des Prozesses genutzt werden können. Um den Zeitaufwand für die Simulation möglichst gering zu halten, wird daher unter PARSIP die Gesamtaufgabe auf mehrere Prozessoren verteilt, d.h. die Simulation wird parallel von mehreren gekoppelte Teilsimulatoren auf einem Mehrprozessorsystem ausgeführt. Dabei erfolgt die Parallelisierung durch Problemstrukturierung. Der Grundgedanke dieser Methode ist die Zerlegung des Gesamtsystems in kleinere Teilsysteme. Voraussetzung ist somit ein modularer Modellansatz. Produktionssysteme bzw. -anlagen bestehen i.a. aus einer Vielzahl relativ lose gekoppelter Teilsysteme und bieten somit sehr günstige Voraussetzungen für eine solche strukturelle Dekomposition. Die Vorteile dieser Form der Parallelisierung sind u.a.:

- Verfahren und Schrittweiten für die numerische Berechnung der Modelle können teilmodellspezifisch gewählt werden.
- Modulorientierte Operationen, wie Teilmodelltausch oder Parameteranpassung, sind relativ einfach durchführbar.

Der Rechenzeitaufwand für die Simulation verringert sich dabei einerseits durch die Parallelverarbeitung, andererseits aber deshalb, weil nur die Teilsysteme mit hoher Dynamik mit einer angepaßten kleinen Schrittweite berechnet werden und für die anderen eine größere Schrittweite gewählt wird [5]. Der Systementwurf muß sichern, daß der durch Parallelisierung erzielte Zeitgewinn nicht durch den

Aufwand für die Kommunikation zwischen den Teilsimulatoren bzw. Prozessoren zu stark beeinträchtigt wird.

Jeder Teilsimulator des Simulationssystems PARSIP wird durch eine Task auf einem Knoten des Transputernetzes realisiert und löst seine Teilaufgabe, z.B. die Berechnung der Lösung eines Differentialgleichungssystems, mit für ihn spezifischen Zeitschritten autonom. Gekoppelt sind die Teilsimulatoren über einen Koordinator. Sie übergeben diesem nach jedem Integrations- bzw. Ausgabeschritt die von ihnen berechneten Ausgabegrößen und fordern gleichzeitig die Eingangsgrößen für den nächsten Schritt an. Als Folgen der Modularisierung sind dabei zwei Probleme zu lösen:

- Die von einem Teilsimulator angeforderten Eingangsgrößen hat der Koordinator u.U. noch nicht empfangen.
- Die Zeitdiskretisierung der Aus- bzw. Eingangsgrößen gekoppelter Teilsimulatoren ist unterschiedlich, sofern diese mit verschiedenen Berechnungsschrittweiten arbeiten.

Problem 1 löst PARSIP, indem ausgewählte Teilsimulatoren, die Teilsysteme mit geringer Dynamik simulieren, nach jedem Lösungsschritt einen zusätzlichen Extrapolationsschritt ausführen und damit einen Schätzwert der nächsten Werte der Ausgangsgrößen liefern. Die Summe der notwendigen Wartezeiten wird dadurch reduziert. Problem 2 wird gelöst, indem in den betreffenden Fällen die Teilsimulatoren, die mit kleineren Schrittweiten arbeiten, die für jeden Schritt berechneten Ausgangsgrößen nicht als Einzelwerte an den Koordinator liefern, sondern nur gefilterte Werte, d.h. gewichtete Mittelwerte über eine bestimmte Anzahl von Zeitschritten, zur Verfügung stellen. Es werden damit Methoden eingesetzt, wie sie auch bei den Multi-Rate-Verfahren zur Lösung von Anfangswertaufgaben schon erprobt wurden [6]. Selbstverständlich muß durch entsprechende Tests von Fall zu Fall sichergestellt werden, daß trotz der im Zusammenhang mit der modularen Simulation verwendeten Näherungen die numerische Stabilität gewahrt bleibt und die Genauigkeit der Ergebnisse den jeweiligen Anforderungen genügt.

Das Simulationssystem PARSIP ermöglicht auch die parallele Bearbeitung unterschiedlicher Simulationsaufgaben mit verschiedenen Simulationsmodellen. Den Aufbau des Simulationssystems zeigt Abbildung 1.

## 4 Expertensystem-Shell G2

G2 ist ein hybrides Entwicklungswerkzeug für Echtzeit-Expertensysteme zur Überwachung und Steuerung komplexer Anlagen. Seine besonderen Eigenschaften, die es für Aufgaben der Prozeßsteuerung qualifizieren, sind u.a.:

- Integration von Online-Prozeßdaten und simulierten Daten
- Zeitbezug von Daten und Regeln
- Priorisierung von Regeln bzw. Tasks
- Zeitzyklische bzw. ereignisabhängige Regelaktivierung

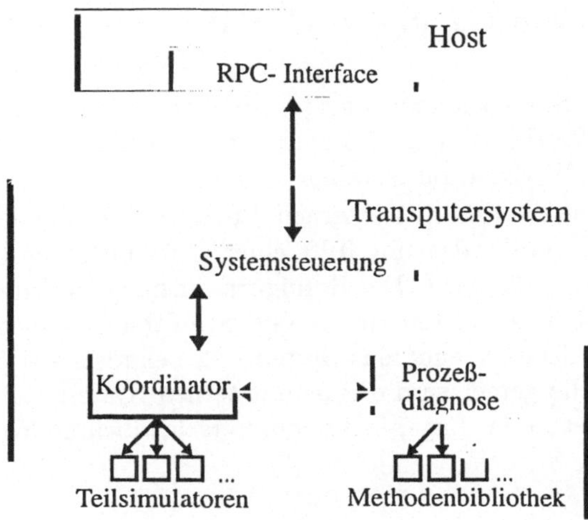


**Abbildung1.** Architektur des Simulationssystems PARSIP

Regeln können sich auf aktuelle Prozeßdaten, historische Werte oder simulierte Daten beziehen [7].

*if the rate of change per minute of the level of tank1 between 1 hour ago and 3 hours ago > 12 then conclude that ...*

Für Simulationsrechnungen verfügt G2 über einen eingebauten Simulator. Die Modelle können in Form von algebraischen Gleichungen, Differenzengleichungen oder Differentialgleichungen notiert werden.

*state variable: d/dt (the volume of any water-tank)= (the inflow of the water-tank − the outflow of the water-tank), with initial value 30*

Der G2-Simulator bietet als numerische Methoden zur Lösung von Anfangswertaufgaben das explizite Euler-Verfahren und das Runge-Kutta-Verfahren 4. Ordnung zur Auswahl. Für die Lösung der oben beschriebenen Simulationsaufgaben ist er nur beschränkt geeignet. Beispielsweise sind keine numerischen Verfahren für die Berechnung steifer Differentialgleichungssysteme implementiert. Außerdem sind Simulationsrechnungen i.a. sehr zeitaufwendig. Bei Ausführung von Simulator und Expertensystem auf der gleichen Workstation können daher die Echtzeitbedingungen häufig nicht eingehalten werden. Weil G2 als offenes System die Kopplung mit externen Programmen, d.h. auch mit externen Simulationssystemen, ermöglicht, sind diese Anwendungsgrenzen des internen Simulationssystems aber kein generelles Hindernis für die Einbeziehung von Prognosedaten in die Wissensverarbeitung unter G2.

# 5  Kopplung von G2 und PARSIP

Hardwarebasis des Simulationssystems ist ein Transputersystem MC-3 mit einer Sun-kompatiblen Workstation als Hostrechner. Die Expertensystem-Shell G2 ist auf einer weiteren Workstation installiert.

Für die Kommunikation mit externen Prozessen verfügt G2 über das G2-Standard-Interface (GSI), das mit Hilfe einer C-Schnittstelle an die speziellen Gegebenheiten angepaßt wird. Die Konfigurationsmöglichkeiten des GSI zeigt Abbildung 2 [8]. Bei der ersten ist die GSI-Schnittstelle auf der Arbeitsstation installiert, auf der sich auch das System G2 befindet, bei der zweiten liegt die GSI-Schnittstelle gemeinsam mit dem externen System auf einer separaten Workstation. G2 ist in der Lage, mehrere unterschiedlich konfigurierte GSI parallel anzusteuern.

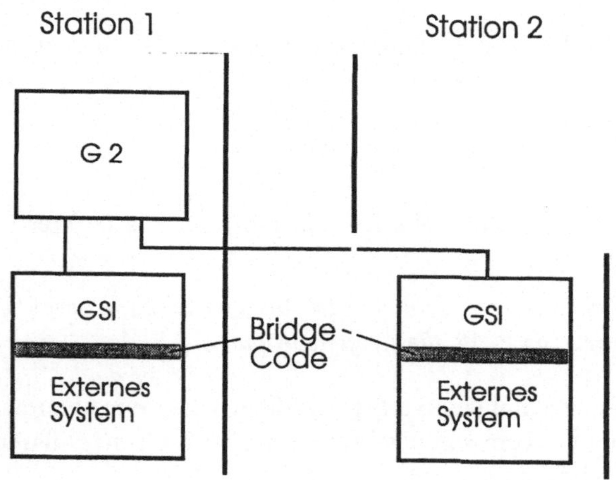


**Abbildung 2.** Konfigurationsmöglichkeiten des GSI

Für den Datenaustausch zwischen Expertensystem und GSI wird dem G2-Anwender ein Programm-Grundgerüst zur Verfügung gestellt. Für seinen Anwendungsfall muß er erstens die Wissensbasis für den Datentransfer konfigurieren und zweitens den *Bridge Code* erstellen. Die Einrichtung der Wissensbasis erfolgt durch Erzeugung eines (oder mehrerer) Interface-Objekte und von GSI-Variablen. Diese Variablen korrespondieren mit den Variablen in der externen Applikation, die beispielsweise Meßstellen oder Stelleinrichtungen repräsentieren. Außerdem können G2 und GSI auch über Aufrufe von Remote-Prozeduren kommunizieren. Der *Bridge Code* ist ein anwendungsspezifischer Code (User Code). Er wird unter Nutzung vorbereiteter C-Funktionen für das Übertragen von Daten und Nachrichten an das externe System erstellt.

Das Simulationssystem PARSIP besitzt für die Kopplung mit externen Systemen eine RPC-Schnittstelle gemäß Abbildung 3. Zur Realisierung der bidirektionalen Verbindung muß sich sowohl auf der Hoststation des Simulationssystems als auch auf dem externen System (z.B.

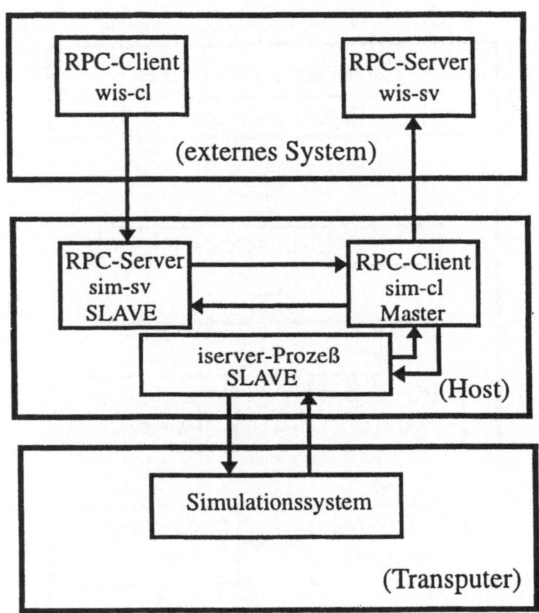


**Abbildung3.** Architektur der RPC-Schnittstelle von PARSIP

Datenpunktmodell, Expertensystem usw.) je ein RPC-Client und ein RPC-Server befinden. Der RPC-Server umfaßt alle Remote-Prozeduren, die der RPC-Client des gekoppelten Systems aufrufen kann. RPC-Client und RPC-Server des Simulationssystems kommunizieren über Pipes. Dabei hat der Simulations-Client die Funktion des Masters-Prozesses. Slave-Prozesse sind der Simulations-Server und der iserver-Prozeß, der die Verbindung zum Transputersystem herstellt. Die Übermittlung einer Nachricht des externen Systems an das Simulationssystem erfolgt, indem der RPC-Client des externen Systems (wis-cl) eine Remote-Prozedur des Simulations-Servers (sim-sv) aufruft und dieser als Argument die Nachricht übergibt. Vom Simulationsserver wird die Nachricht in ein internes Übertragungsprotokoll umgesetzt und in dieser Form über den Simulations-Client an die Kommunikationstask, die sich auf dem Root-Prozessor des Transputersystems befindet, gesendet. Die Konmmunikationstask ordnet der betreffenden Nachricht bzw. dem Steuerkommando die interne Steuerhandlung zu und übermittelt diese an das Simulationssystem.

Unter den gegebenen Bedingungen lag es nahe, für die Kopplung von GSI-

Schnittstelle und PARSIP die RPC-Kommunikation zu nutzen. Auch der Informationsaustausch zwischen G2 und GSI-Schnittstelle wird durch den Aufruf von RPC-Funktionen realisiert. Diese Lösung wurde gewählt, da sie flexibler und übersichtlicher ist als die Alternative. Die Verbindung des Expertensystems G2 mit dem Simulationssystem PARSIP zeigt Abbildung 4. Bei der skizzier-

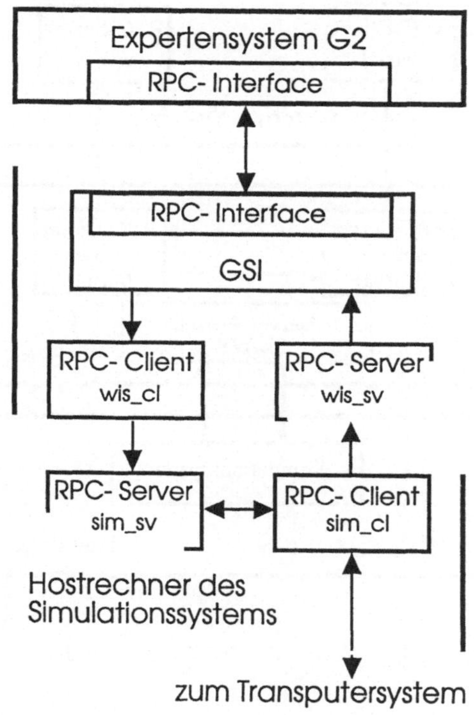


**Abbildung4.** Kopplung von Expertensystem G2 und Simulationssystem PARSIP

ten Lösung wurde auf die in diesem Fall mögliche Integration der Funktionen des wis-sv und wis-cl in die GSI-Schnittstelle verzichtet. Die Übermittlung einer Nachricht vom Expertensystem an das Simulationssystem geschieht, indem das Expertensystem G2 die RPC-Funktion *datenuebergabe* aufruft. Dabei übergibt es die zu übermittelnde Nachricht als Argument der Funktion an den RPC-Server, d.h. die GSI-Schnittstelle. Die in der GSI-Schnittstelle aufgerufene Funktion legt zuerst die Pipe G2-GSI an, öffnet danach die Pipe zum Schreiben und übernimmt das Funktionsargument als Nachrichtenstring in die Pipe. Anschließend wird die Funktion *datenuebergabe* blockiert. Der RPC-Client wis-cl versucht zyklisch, die Pipe G2-GSI zum Lesen zu öffnen. Das Öffnen gelingt, sobald die Pipe angelegt wurde. Nachdem das geschehen ist, liest er die Nachricht, löscht die Pipe G2-GSI (diese Arbeitsweise wurde gewählt, um mögliche Probleme mit Schreib- und

Lesezeigern im Zusammenhang mit Störungen der Kommunikation auszuschließen) und hebt die Blockierung der Funktion *datenuebergabe* auf. Anschließend erzeugt er aus der empfangenen Nachricht den Aufruf einer RPC-Funktion des RPC-Servers $sim-sv$ und führt diesen aus. Der RPC- Server sim-sv übernimmt daraufhin die Nachricht und übergibt sie, wie bereits oben beschrieben, an das Simulationssystem. Die Datenübergabe vom Simulationssystem an das System G2 läuft analog ab.

In der Wissensbasis des Expertensystems wird das Kommunikationssystem G2-PARSIP durch eine Instanz der Klasse *gsi-interface*, bestimmte Objekte und Prozeduren sowie die Deklarationen der Remote-Prozeduren repräsentiert. Die Nutzung des Simulationssystems durch das Expertensystem erfolgt in der Weise, daß in Regeln oder Prozeduren der Wissensbasis Prozeduraufrufe aufgenommen werden, die Dienste des Simulationssystems anfordern.

# 6 Ausblick

Es ist vorgesehen, den beschriebenen Systemverbund G2-PARSIP durch die Kopplung mit einem Datenbanksystem zu ergänzen. In dieser Konfiguration würde er dann die Elemente eines Prozeßleitsystems repräsentieren, die für die Wissensvermittlung sowie für weitergehende Untersuchungen zur Einbeziehung quantitativer Modelle in die wissensbasierte Überwachung und Steuerung technischer Prozesse wesentlich sind.

# Literatur


[1] F. Kleint: Untersuchung von Verfahren der verteilten Echtzeitsimulation bezüglich ihrer Eignung für eine Implementation auf einem Transputernetzwerk. Diplomarbeit TH Leipzig 1993.

[2] H.B. Keller: Echtzeitsimulation zur Prozeßführung komplexer Systeme. Springer-Verlag 1988.

[3] H. Schuler; E.D. Gilles: Systemtechnische Methoden in der Prozeß- und Betriebsführung. Automatisierungstechnische Praxis 35 (1993), S. 274-383.

[4] R. Müller; F. Kleint; A. Kroll: Parallel Real-time Simulation in Complex Process Control. Proc. of the World Transputer Congress WTC94 (Italy), IOS Press, pp. 942- 949.

[5] H. C. Yeh, W. E. Kastenberg: Multi-rate Integration Methods and Table Lookup Techniques used in High Speed Dynamic Simulation of Nuclear Power Plants. Sec. Int. Conf. on Simulation Methods in Nuclear Engineering. Montreal, Oct. 1986, Proceed. pp. 768-788.

[6] H. Blum: Numerical Integration of Large Scale Systems Using Separate Step Sizes. IMACS Int. Symp. Simulation Software. Blacksbur, Virginia, 1977. Proc. pp. 19-23.

[7] G2 Reference Manual, Version 3.0. Gensym Corporation, Cambridge, USA.

[8] GSI User Manual, Version 3.0. Gensym Corporation, Cambridge, USA.

[9] M. Loos: Entwicklung, Implementierung und Test des Moduls Prozeßbegleitende Prognose für das Forschungsprojekt WISCON. Diplomarbeit TH Leipzig 1994.

[10] J. Piesch: Einbindung des parallelen Simulationssystems PARSIP in die Echtzeit-Expertensystem-Shell G2. Diplomarbeit TH Leipzig 1996.

# Zuviel Elektronik verdirbt den Brei –

# Embedded Systems aus Nutzersicht


Karlotto Mangold

ATM Computer GmbH
Konstanz



**Summary:**

The first part of this paper tries to define an „embedded system" in contrast to general purpose computers and as a system consisting of several components developped independently. The user expects to get a specific functionality from the system and is not neccessarily aware of dealing with a computer.
The second part shows some differences between principles of software-engineering on the one side and implementing „embedded systems" on the other.


**Zusammenfassung:**

Zunächst wird der Unterschied zwischen einem „embedded system" und einem herkömmlichen Rechnersystem aus Nutzersicht dargestellt. Dabei wird besonders auf den Begriff des Systems abgehoben. Dieser besteht einerseits aus der vom Benutzer erwarteten SystemFunktionalität, die häufig den Herstellern der einzelnen Unterkomponenten gar nicht bekannt ist und die deshalb auf dieser Ebene auch nicht getestet und nachgewiesen werden kann.
Darüber hinaus wird gezeigt, was einige Schlagworte des Software-Engineering in bezug auf „embedded systems" konkret bedeuten.

# Einleitung

Dieser Beitrag soll, ausgehend von konkreten Erfahrungen mit einem einfachen Küchenherd - einem Serienprodukt, wie er in jedem Haushalt stehen kann - die Problematik aufzeigen, die durch das Vordringen von Elektronik und damit verbunden, von Software, in Alltagsprodukten entstehen kann. Zunächst kurz die konkreten Erfahrungen. Ein neuer Herd in unserer Küche, ausgestattet mit viel Funktionalität wie Uhr, Wecker, Automatikbetrieb, Topferkennung, vielen Backprogrammen und last but not least einem 65-seitigen Handbuch [1] entwickelte ein Eigenleben, das mich zum Nachdenken über das Vordringen der Elektronik im allgemeinen und der Software im speziellen brachte. Der Herd zeigte nämlich einerseits sporadisch den Fehler, daß er plötzlich alle Stromverbraucher abschaltete und die Uhr wie nach Spannungswiederkehr blinken ließ. Andererseits kam es vor, daß Backvorgänge überhitzt abliefen und ein Kuchen bei eingestellten 160 ° C in zwanzig Minuten zu verkohlen begann. Zur Ehrenrettung des Herdlieferanten muß gesagt werden, daß - nachdem Bedienungsfehler ausgeschlossen werden konnten - diese Fehler intensiv gesucht wurden, daß durch verschiedene Austauschmaßnahmen die Fehler iterativ eingekreist und sukzessive behoben wurden, und daß seit dem Austausch der Uhr der Herd nun fast ein Jahr problemlos die gewünschten Funktionen erbringt. Trotzdem scheinen mir die gemachten Erfahrungen wichtig zu sein für die Entwicklung von „embedded systems" und dabei besonders der dort verwendeten Steuerungs-Software. Der Titel eines erst kürzlich erschienenen Buches [2] „Java oder: Wie steuere ich meine Kaffeemaschine" legt zwar die Vermutung nahe, daß auch andernorts diese Probleme erkannt wurden und die Autoren sich mit ähnlichen Fragestellungen beschäftigen. Leider taucht aber die im Titel genannte Kaffeemaschine im Innern jenes Buches gar nicht auf. Es soll damit jedoch nicht vorschnell der Eindruck erweckt werden, daß z.B. JAVA für die Programmierung von „embedded systems" nicht geeignet wäre. Bisher steht der Nachweis allerdings noch aus.

Der diese Überlegungen auslösende Küchenherd steht dabei nur stellvertretend für eine Vielzahl von ehemals einfachen Geräten, die heute zunehmend mit Elektronik ausgerüstet sind und ihre ursprüngliche Funktionalität mit höherem Komfort(?) als „embedded system" erbringen.Wesentlich komplexere Systeme aus denen ebenfalls Erfahrungen hier eingeflossen sind, wurden bereits in [3] und [4] kurz skizziert. Hierbei dienen die eingesetzten Rechner zur Steuerung von Funksystemen.

Ein grundlegender Unterschied zwischen den zuerst genannten, ursprünglich einfachen Geräten und den bereits bisher komplexen, herkömmlichen „embedded systems" besteht meines Erachtens darin, daß der Nutzer eines solchen modernen Gerätes sich eigentlich gar nicht der Tatsache bewußt ist, daß er nicht mehr das einfache Gerät herkömmlicher Bauart, sondern ein rechnergesteuertes „embedded system" vor sich hat. Konkret gefragt, welcher Autofahrer ist sich bewußt, wieviel Elektronik ihn direkt umgibt und seine Fahrt erst ermöglicht? Als im Frühsommer 1996 ein ARIANE V Probeflug mißglückte, war schon nach kurzer Zeit in der Presse von einem Softwarefehler als Unglücksursache zu lesen. Von Verkehrsunfällen, die von nicht einwandfrei funktionierender Elektronik oder gar von Softwarefehlern verursacht werden, hört und liest man nichts! Es bleibt eine offene Frage, ob diese Systeme wirklich zuverlässiger sind, als die bei ARIANE verwendeten Komponenten?

Spiegelt man diese Erfahrungen noch an einem jüngst in der Computerzeitung [5] zitierten Gerichtsurteil, nachdem - zumindest in Großbritannien - „Software so zuverlässig wie ein Auto funktionieren muß", so scheint doch bei der Software in „embedded systems" durchaus ein Nachholbedarf zu bestehen.

Aus all diesen Gründen soll hier versucht werden, die Software-Entwickler und System-Integratoren für die Probleme zu sensibilisieren, die beim Einsatz ihrer Systeme in einer möglicherweise unbekannten Umgebung und der Systembedienung durch Computer-Laien auftreten können. Es ist allgemein bekannt, daß die Korrektur eines Fehlers um so aufwendiger wird, je später er entdeckt wird. Die zentrale Frage für die Entwicklung ist deshalb, was kann und muß getan werden, um bereits bei der Entwicklung solcher Systeme Vorsorge zu treffen, daß das System möglichst fehlerfrei arbeitet und daß im Fehlerfall eine Chance besteht, den Fehler zu erkennen und zu beheben. In diesem Sinne müßte der Titel zur Frage verschärft werden: *Wieviel Elektronik verträgt der Brei?*

## Charakterisierung eines „embedded systems"

Während heute fast in jedem dritten deutschen Haushalt ein Rechner steht und damit der PC fast zum Allgemeinwissen gehört, ist ein „embedded system" schwieriger zu charakterisieren. Daß diese Systeme noch lange nicht so ins Bewußtsein vorgedrungen sind, sieht man zum Beispiel daran, daß es bis heute keine gängige Übersetzung dieses Begriffes gibt. Die wörtliche Übersetzung als „eingebettetes System" ist nicht nur nichtssagend, sondern auch kaum akzeptiert.

Eine Workstation oder ein PC läßt sich dadurch charakterisieren, daß es sich dabei im allgemeinen um Allzweckrechner handelt, die mit einer Tastatur, einem Farbbildschirm, einer Maus und einer hinreichend großen Festplatte ausgestattet sind. Zusätzlich besteht mindestens eine Möglichkeit, Daten und/oder Programme in diese Rechner einzubringen. Stellvertretend seien Disketten-Laufwerk, CD-ROM-Laufwerk und Netzwerkanschluß genannt. Diese Rechner werden für die unterschiedlichsten Zwecke eingesetzt und haben inzwischen meist eine benutzerfreundliche Bedien-Oberfläche auf (X-)Window-Basis. In unserer sehr stark arbeitsteiligen Gesellschaft werden Systeme heute nicht mehr im klassischen Sinne entwickelt und gefertigt, sondern sie werden in zahlreichen Stufen integriert. Die dabei auf jeder Stufe entstehenden Sub-Systeme erfüllen zwar i.a. die an sie gestellten Anforderungen, doch ist es häufig unmöglich, alle auf einer der höheren Integrationsebenen gestellten Anforderungen auf den Ebenen darunter zu berücksichtigen oder gar nachzuweisen, da sie oft gar nicht bekannt sind, zumindest aber, weil das komplette System (noch) nicht vorliegt. Der andere Aspekt eines „embedded systems" besteht darin, daß selbst ein Nutzer, der den Umgang mit Rechnern beherrscht, oft diese Rechner im System nicht erkennt, oder doch zumindest nicht direkt bedienen kann, da die *Bediener-Oberfläche* sich ganz anders darstellt.

Ein „embedded system" unterscheidet sich zunächst von einem general purpose Rechner dadurch, daß es dazu dient, ein wohldefiniertes Spektrum von Funktionalitäten abzudecken. Als Beispiel sei wieder der Herd mit Temperatur-Regelung und programmierbarer Ein- und Ausschaltzeit für Backofen und Kochstellen samt Topferkennenung genannt [1]. Die Besonderheit für den unbefangenen Nutzer eines solchen Systems besteht nun darin, daß durch das Fehlen von Bildschirm, Tastatur und Festplatte die Verbindung zu einem Rechner relativ fernliegt, obwohl die genannten Funktionen durch mindestens einen Prozessor veranlaßt und überwacht werden und der Ablauf durch Software gesteuert wird, die aus einem nichtflüchtigen Speicher ausgelesen wird.

Nach dieser anschaulichen Schilderung soll folgende Definition für den weiteren Verlauf gewagt werden: Ein „embedded system" ist ein System, das zwar von einem oder mehreren Rechnern gesteuert wird, das aber im Gegensatz zu general purpose Rechnern eine genau umrissene Funktionalität hat, die vom Nutzer praktisch nicht erweitert oder modifiziert werden kann. Darüber hinaus fehlen (im allgemeinen) die gängigen Merkmale eines Rechners wie Tastatur, Bildschirm und Festplatte. Falls sie jedoch aus betrieblichen Gründen in speziellen Systemen vorhanden sind, erwartet der Nutzer natürlich auch eine entsprechende windows-basierte Oberfläche. Im folgenden soll jedoch angenommen werden, daß diese Peripherie fehlt. Ob und in wie weit ein solches „embedded system" quasi-parallele Programm-Ausführung (Multi-Tasking) unterstützen muß, oder ob es gar echtzeitfähig sein sollte, hängt von den jeweiligen Anwendungen ab, die zu steuern sind. Diese Eigenschaften sind für die hier angestellten Überlegungen jedoch nicht erheblich.

Eine etwas andere Definition eines „Eingebetteten Computing-Systems (ECS)" findet sich in [6] (Seite 445). Dort wird allerdings zu sehr auf die Datenflüsse abgehoben, um diese Definition hier einsetzen zu können.

Um das Thema einigermaßen überschaubar zu halten, soll hier natürlich nicht auf die vielen unterschiedlichen Systeme eingegangen werden, sondern es soll lediglich an ausgewählten Beispielen der in diesen Systemen versteckte Rechner und insbesondere die darin ablaufende Software untersucht werden.

Ein ganz wesentlicher Gesichtspunkt bei der Betrachtung eines „embedded sytems" ist der System-Aspekt, das heißt, daß ein System vorliegt, das aus mehreren Komponenten besteht, die erst im korrekten Zusammenwirken die System-Funktionalität erbringen. Oft sind diese Systeme aus Komponenten unterschiedlicher Hersteller integriert, wobei einerseits der Komponentenlieferant die Systemumgebung nicht kennt und andererseits der Integrator lediglich das spezifizierte Verhalten der Komponenten unterstellt. Ein Beispiel dieser Problematik zeigt sich bei dem genannten Herd in der Temperatur und in der elektromagnetischen Störung. Prozessorbausteine sind i.a. für eine Betriebstemperatur von 0° bis 75 ° Celsius spezifiziert. Es ist offensichtlich, daß in einem Backofen und damit auch in der Umgebung wesentlich höhere Temperaturen auftreten und deshalb offensichtlich besondere Maßnahmen zur Wärmedämmung oder zur Bausteinauswahl notwendig sind. Nicht so offensichtlich sind elektromagnetische Probleme, die sich dadurch beschreiben lassen, daß ein Rechner gewisse Anforderungen an die (Rest-)Welligkeit der Gleichspannung hat und durch eingestreute magnetische Pulse gestört werden kann. Bei elektrischen Verbrauchern im Leistungsbereich von mehreren Kilowatt (wie bei einem Backofen oder einer Kochstelle), treten bei Schaltvorgängen erhebliche Funken auf, die den Betrieb eines Rechners erheblich stören können. Für den System-Integrator stellt sich hier das Problem des elektromagnetischen Umfeldes unter Betriebsbedingungen.


## Anforderungen an ein „embedded system"


### Benutzer-Freundlichkeit:

Wie bereits oben ausgeführt, ist der Nutzer des Systems zumindest nicht primär am Rechner und der Software interessiert, er will die Systemfunktionen nutzen und nimmt die Existenz eines Rechners in Kauf, solange ihn diese nicht in seiner Nutzung behindert. Was soll also die Forderung nach Benutzerfreundlichkeit? Hier ist in erster Linie gemeint, daß das System sich dem Benutzer gegenüber so verhalten soll, wie er es erwartet und nicht umgekehrt. In unserem Beispiel heißt das, daß das System Herd eben pro Kochstelle einen Drehschalter mit den Stufen 1 bis 12 hat und daß damit die Kochleistung gewählt wird. Hätte der Herd eine alphanumerische Tastatur und einen Bildschirm mit je einem Fenster pro Kochstelle, so wäre die

Bedien-Oberfläche aus Sicht der Informatiker vielleicht moderner, aber sicher nicht benutzerfreundlicher. Ein anderer Aspekt, der nur schwer akzeptiert werden kann, ist die Entschuldigung von eventuellen Fehlfunktionen des Systems mit der Begründung „das macht der Rechner so". Auch durch Zusätze wie „das muß so sein" oder „das geht nicht anders", wird diese Einstellung nicht bedienerfreundlicher. In erster Näherung erwartet der Nutzer nach dem Drehen des entsprechenden Knopfes, daß sein Topf erwärmt wird. Dabei ist es ihm ziemlich egal, ob direkt durch den Drehknopf der Strom geschaltet wird, oder ob über komplexe Mechanismen einem Rechner mitgeteilt wird, er solle - abhängig von Temperatur-Sensoren und einem Topf-Sensor den Strom schalten. An dieser Stelle ist der Rechner, dessen Existenz nicht auffällt, der benutzerfreundlichste. Hier muß ganz klar gesagt werden, daß der Benutzer ein System benutzen will und nicht einen Rechner. Der Benutzer kennt zwar sein System und erwartet von diesem gewisse Funktionalitäten, er ist aber kein Rechnerbenutzer und will an seinem Herd i.a. auch keiner sein. Das heißt, daß ein embedded system dann benutzerfreundlich ist, wenn es dem Benutzer die Systemfunktionalität in der Weise anbietet, wie er es bisher von seinem System gewöhnt ist und er nicht wegen des nun eingebauten Computers umlernen muß, um die altbekannte Funktionalität zu erhalten.

Aus Sicherheitsgründen kann zum Beispiel einleuchten, daß nach Spannungswiederkehr der Herd zunächst stromlos bleibt. um die möglicherweise ungewollte Fortsetzung von lediglich zeitüberwachten Koch- oder Backvorgängen zu verhindern, da durch den Stromausfall auch die korrekte Zeitführung gestört wurde. Schwerer verständlich ist es jedoch, daß das Einschalten einer Kochstelle erst wirksam wird, nachdem die Uhr gestellt wurde, obwohl gar keine zeitüberwachte Regelung erwartet wurde. Erschwerend kommt hinzu, daß das Einstellen der Uhrzeit als relativ seltener Vorgang, zurecht(?) durch Kombination mehrerer Bedien-Elemente erfolgt, was häufig nicht zum Basis-Wissen des Bedieners gehört, sondern im allgemeinen mit Hilfe der Dokumentation [1] ausgeführt wird.

Daraus folgt, daß zu einem solchen System auch eine nutzerorientierte verständliche Dokumentation gehört, die in der Terminologie des Nutzers abgefaßt ist und ihm beschreibt, durch welche Handgriffe (Eingaben) er welche Funktionalität erhalten kann. Eine Dokumentation der Abläufe im Rechner und seiner Programmierung überfordert und irritiert den Benutzer.


## Die Funktionalität eines „embedded systems"

Der Nutzer eines „embedded systems" hat aus Nutzersicht eine detaillierte Vorstellung über die Funktionalität seines Systems. Sei es, daß er bereits Vorläufersysteme genutzt hat oder daß er konkrete Anforderungen erfüllt haben möchte. Diese Funktionalität ist natürlich systemspezifisch und läßt sich nicht allgemein beschreiben. Beim Systemlieferanten liegt jedoch die Tendenz nahe, daß er die Möglichkeiten der Elektronik und der Software nutzt und deshalb, fast zum Null-Tarif, Funktionen einbaut, die zunächst gar nicht gefordert waren. Beim Einbau solcher Funktionen besteht dann aber die Gefahr, daß durch solche zusätzliche Eigenschaften, die notwendigen Funktionen beeinträchtigt werden könnten. Deshalb ist zunächst beim System-Entwurf, ausgehend von der geforderten Funktionalität, zu untersuchen, welche Komponenten zur Realisierung erforderlich sind. Da Steuerungen und Regelungen heute wesentlich kostengünstiger in Digital-Technik als in analoger Bauform realisiert werden können, besteht die Tendenz, die ohnehin vorhandenen und nicht ausgelasteten Bausteine - für zusätzliche Funktionalität - „besser" zu nutzen. Insbesondere bei Seriengeräten ist es natürlich aus Wettbewerbsgründen naheliegend, sich durch zusätzliche Funktionalität von anderen Geräten zu unterscheiden.

Es sollte selbstverständlich sein, daß die gebotene Funktionalität dem Benutzer in angemessener Weise dokumentiert wird. Dazu gehört ein Handbuch, das so aufgebaut ist, daß der erfahrene Benutzer zusammengefaßte Hinweise vorfindet, ohne jedesmal die für den Anfänger notwendigen ausführlichen Texte lesen zu müssen. Nach meiner Erfahrung hilft eine sorgfältig konzipierte Dokumentation, viele Bedienfehler und negative Aha-Erlebnisse beim Nutzer zu vermeiden und damit auch die Zahl der Reklamationen beim Hersteller zu verringern.

## Die Testbarkeit eines „embedded systems"

Dieser Punkt scheint zunächst für den Nutzer unerheblich zu sein, da er erwarten kann, daß er ein funktionsfähiges, ausgetestetes System erhält und damit das Problem der Testbarkeit beim Hersteller liegt. In der Praxis zeigt es sich jedoch, daß insbesondere bei komplexen Systemen, wie zum Beispiel [3], trotz umfangreicher Test- und Abnahme-Prozeduren und Qualitätssicherungsmaßnahmen Fehlersituationen erst im Betrieb auftreten. Deshalb muß in einem System bereits beim Design vorgesehen werden, daß Spezialisten - nicht der normale Nutzer - auch im operationellen Betrieb die Möglichkeit haben, interne Systemabläufe sichtbar zu machen und zu verfolgen. Dazu muß das System, das heißt die einzelnen Komponenten mit Anschlußmöglichkeiten für Überwachungs- und Aufzeichnungs-Einrichtungen versehen werden.

Die Frage „Wer führt die Tests durch?" scheint einfach zu beantworten. Natürlich muß zunächst der Entwickler testen, und anschließend müssen diese Tests von einer unabhängigen Qualitätssicherung zumindest überprüft und abgenommen werden. Auch die Frage „Was muß getestet werden?" ist fast trivial. Es müssen natürlich die in der jeweiligen Spezifikation festgelegten Eigenschaften und Funktionen nachgewiesen werden. Schwieriger wird es schon, wenn es darum geht, Fehlersituationen zu simulieren und die angemessene Reaktion des Systems auf solche irregulären Zustände zu überprüfen. Diese Tests werden um so komplexer, je mehr Komponenten (schrittweise) zu dem „embedded system" integriert werden, da auf jeder Integrationsebene neue Funktionalität entsteht und andere makroskopische Anforderungen erfüllt werden müssen. Es kann deshalb nur empfohlen werden, auf jeder Integrations-Ebene möglichst umfassend zu testen, wobei aber klar sein muß, daß keine Vollständigkeit erzielt werden kann, da auf Komponenten-Ebene die Anforderungen der übergeordneten (Sub-)System-Ebene nicht bekannt sind. Bei dieser Komponenten-Integration ist auf den höheren Ebenen im allgemeinen nur ein black-box-Test für die Komponenten möglich. Damit wird es insbesondere schwierig, die Test-Objekte zu stressen und die zulässigen Grenzbereiche der spezifizierten Parameter abzuprüfen. Deshalb sind der Aussagekraft solcher Tests natürliche Grenzen gesetzt, insbesondere dann, wenn man die Arbeitsbedingungen und die Umwelt eines solchen Systems im Labor(?) nachbilden soll. So traten zum Beispiel bei dem in [3] beschriebenen System nach der Auslieferung an den Nutzer gehäuft Ein-Bit-Fehler im batteriegepufferten Speicher auf, obwohl dies weder während der Entwicklungs- noch während der Integrationsphase beobachtet wurde und auch bei den Tests und Abnahmen auf allen Stufen kein solcher Effekt auftrat. Bis zur endgültigen Klärung dieses Fehlverhaltens gibt es lediglich Vermutungen über die Einflüsse der unterschiedlichen Strom-Versorgungen oder die Spekulation über einen Chargen-Fehler der verwendeten Speicher-Bausteine. Es kommt hinzu, daß solche Fehler von den System-Bedienern zwar entdeckt werden, daß aber die Lokalisierung des Fehlers und erst recht die Analyse der Fehlerursachen nur von Spezialisten vor Ort durchgeführt werden können, solange sich dieser Fehler im Labor nicht reproduzieren läßt. Für solche Untersuchungen müssen aufwendige Einsätze vor Ort durchgeführt werden, die mit zusätzlichen Analysatoren unterstützt werden müssen. Falls es der zeitliche Ablauf des

Systems zuläßt, könnte für solche Aktionen bereits bei der System-Entwicklung eine durch (versteckte) Parameter gesteuerte Logbuchführung vorzusehen, die sämtliche Daten auf einem speziellen Aufzeichnungsgerät ablegt, das nur zu Analysezwecke angeschlossen wird.

Generell ist zumindest in Echtzeitsystemen zu beachten, daß sämtliche Maßnahmen zur Fehleranalyse das Zeitverhalten des Systems verändern und dadurch möglicherweise das Auftreten des gesuchten Fehlers verhindern oder verschieben.

Ein prinzipielles Problem, dem meines Erachtens bisher zu wenig Bedeutung beigemessen wird, entsteht bereits beim Erstellen der Anforderungen an ein System. Meist sind diese Anforderungen zu unscharf, weil die Interessen des späteren Nutzers nicht oder nicht ausreichend berücksichtigt werden. Aber selbst wenn das Anforderungsdokument sowohl das Einsatzspektrum als auch die Funktionalität beschreiben, werden doch oft implizite Vorstellungen als selbstverständlich angesehen und nicht explizit dargestellt. Damit sind diese Randbedingungen in einer arbeitsteiligen Entwicklung verloren, falls nicht der Entwickler zufällig dieselben Vorstellungen hat.

Ein weiteres Problem, das aus den Anforderungen resultiert und beim System-Design entstehen kann ist die Fortschreibung der System-Anforderungen in Anforderungen an die Komponenten. Auch hierbei gehen oft Informationen verloren. Das heißt, bei der Entwicklung von Komponenten ist das spätere Anwendungs- und Einsatzgebiet dieser Komponenten nur unvollständig bekannt, und damit besteht die Gefahr, daß diese Komponenten im Einsatzfall nicht das erwartete Verhalten zeigen.


## Wartbarkeit und Fehlerbehebung

Der Unterschied zwischen Wartung und Fehlerbehebung bei einem „embedded system" ist fließend, zumal die hier besonders betrachtete Software ja bekanntlich nicht altert und auch keine Verschleißerscheinungen zeigt. Der von jedem Auto bekannte, regelmäßig notwendige oder zumindest vom Hersteller empfohlene Wartungsdienst wird selbstverständlich nicht dadurch überflüssig, daß durch Einbau eines oder mehrerer Prozessoren aus dem Auto ein „embedded system" wird. Diese Art von Wartung soll hier auch nicht betrachtet werden. Es geht vielmehr um Wartbarkeit der Elektronik und der zum Ablauf notwendigen Software. Hier sind zum einen Fristenarbeiten zu nennen, wie beispielsweise der regelmäßige Austausch des Akkus, der in einem PC auch im abgeschalteten Zustand die Realzeit-Uhr versorgt. Es ist offensichtlich, daß diese Art von Wartung notwendig ist. Zur „Software-Wartung" ist es notwendig, konzeptionell einen Weg vorzusehen, wie - gegebenenfalls - eine neue Version der operationellen Software eingespielt werden kann. Wird die operationelle Software in einem EPROM gepeichert, so könnte dieses ausgetauscht werden, falls ein solcher Austausch konstruktiv vorgesehen ist. Ist das EPROM direkt (on-board) brennbar (z. B. Flash-Speicher), so kann es im System verändert werden, falls ein Medium zum Einlesen der neuen Version anschließbar ist. Leider ist dieses Szenario aber zu einfach, denn es muß in diesem Fall auch Vorsorge getroffen werden, falls der Einlesevorgang oder der Brennvorgang fehlerhaft verläuft. Es muß deshalb auch Vorsorge getroffen werden, wie in einem solchen Fehlerfall das System wieder lauffähig wird. Dazu gehört unter Umständen, daß das Wartungspersonal entsprechend geschult und ausgebildet ist und die nötigen Hilfsmittel mit sich führt.

Bevor jedoch eine neue Software-Version installiert werden kann, muß ein Fehler lokalisiert und behoben werden. Dazu müssen Wege institutionalisiert werden, wie der Fehler gemeldet wird und was an zusätzlicher Information mitgeliefert werden muß bzw. vom Nutzer mitgeliefert werden kann. Zu diesen Informationen gehört nicht nur die Beschreibung des Fehlers, sondern auch die Betriebsbedingungen bei seinem Auftreten und sonstige

Besonderheiten. Diese Informationen stammen aus der Nutzerwelt und müssen erst in die Entwickler-Welt übersetzt werden. Denn es kann nicht erwartet werden, daß der Nutzer weiß, was zur Fehlersuche wichtig ist.

Ein anderer Punkt ist die Frage: an wen gehen solche Fehlermeldungen? Auch hier gibt es die unterschiedlichsten Möglichkeiten und auch Reaktionen der Betroffenen. Formal wurde der Herd als Bestandteil der Küche in einem Möbelhaus gekauft. Der Herd kommt von einer Herdfabrik, die für die Kundendienstarbeiten einen lokalen Elektrobetrieb beauftragt. Die schließlich als fehlerhaft identifizierte Uhr kommt von einem Komponenten-Lieferanten, der sich bei Reklamationen auf den formalen Standpunkt stellt, daß er mit dem Endkunden keine Vertragsbeziehung hat [6] und er deshalb keine Stellungnahmen abgibt. Wie weit diese Haltung mit dem Produkthaftungsgesetz vereinbar ist, wurde nicht geprüft. Nach etlichen Ansätzen hat es sich als zweckmäßig erwiesen, direkt mit der Kundendienstabteilung des Gerätelieferanten zu verhandeln. Dies ist aber sicher nicht immer der Fall.

Bei Fehlern ist es sehr wichtig, zu wissen, ob ein Fehler reproduzierbar ist, das heißt ob Randbedingungen angegeben werden können, unter denen der Fehler vorsätzlich erzeugt werden kann. Die Charakterisierung „Der Fehler tritt alle 3 - 4 Wochen samstags zwischen 12 und 13 Uhr auf", ist zwar aus Nutzersicht reproduzierbar, zur Fehlersuche reicht dies jedoch nicht aus. Andereseits kann vom Nutzer kein zu detaillierter Nachweis gefordert werden, da damit bereits ein Großteil der Fehleranalyse verbunden ist. Meist ist ein Fehler im strengen Sinn erst dann reproduzierbar, wenn die Fehlerursache bekannt ist. Bis dahin muß bei Fehlern, die nicht nur einmal auftreten, ein Zustand *noch nicht reproduzierbar* eingeführt werden, der aber bereits eine Wartungsaktivität auslösen muß. Für Fehlermeldungen kann nur die Faustregel gelten, so viel Information mitzuliefern wie möglich und dann dem Fehlersuchenden die Auswahl zu überlassen. Aus der Erfahrung mit den in [3] und [4] beschriebenen Systemen ist der Schluß zu ziehen, daß einerseits der Nutzer nie zu viel Informationen liefern kann und daß, auch wenn dies aus Entwicklersicht sehr schwierig ist, alle beobachteten, insbesondere die *noch nicht reproduzierbaren* Fehler, zu verfolgen und aufzuklären sind.


# Ausblick

Es erscheint zumindest technisch vorstellbar, daß in absehbarer Zeit die Bedienung von „embedded systems" über sichtbare und nicht nur versteckte Rechner erfolgt. Vielleicht steht dann in jeder Küche ein PC mit graphikfähigem Bildschirm, Standard-Tastatur und Maus. Die Bedienung des Herdes erfolgt dann in einem Fenster des Bildschirms mit Menues, während in einem anderen Fenster gleichzeitig das Rezept dargestellt wird, das vom CD-ROM-Kochbuch eingelesen wird. Zunächst scheint diese Vorstellung zwar technisch realisierbar, aus Kostengründen aber in absehbarer Zeit jedoch ziemlich unrealistisch. Verfolgt man jedoch die verschiedenen Angebote auf der diesjährigen CEBIT Home, wo bereits PC-basierte, vernetzte Systeme angeboten werden, um Privathäuser zu überwachen, so scheint die skizzierte Zukunft in der Küche nicht mehr allzu fern. Es bleibt lediglich noch die Frage zu klären, wie im Falle eines Software-Ausfalls in diesem zentralen Überwachungs- und Steuerungs-PC, die für den fehlersuchenden Software-Spezialisten zur Arbeit obligatorische Tasse Kaffee im „Notfall" zubereitet werden kann?

# Literaturverzeichnis

[1] Gebrauchsanweisung Multimat-Einbauherde „Multimat-electronic", Imperial, Bünde i.W., Mn39350/0295
[2] Davignon, B.; Edelmann, G. : Java oder Wie steuere ich meine Kaffeemaschine, München 1996, ISBN 3-89362-459-7
[3] Langer, A.: Automatische Funknetzüberwachung - Multitasking mit PEARL in Sauter, D.; Stieger, K. (Hrsg): PEARL88, Vorträge zum Workshop über Realzeitsysteme, Neubiberg 1988
[4] Willbold, M.: Realisierung eines Realzeitsystems, bestehend aus Arbeitsplatzrechnern, die über LAN vernetzt sind, in Halang, W.A. (Hrsg.): PEARL91 - Workshop über Realzeitsysteme, Berlin, Heidelberg, 1991tsplatz
[5] Computer-Zeitung 27. Jahrgang, Nr. 33 15. August 1996, Konradin-Verlag, Leinfelden-Echterdingen
[6] Neumann, H. .A.: Objektorientierte Entwicklung von Software-Systemen, Addison-Wesley, Bonn, Paris, 1995
[7] Private Korrespondenz des Autors mit der EATON GmbH Deutschland, 1996.

# ZUM PATENTRECHTLICHEN SCHUTZ VON SOFTWAREPRODUKTEN


Harald Springorum
Mozartstr. 12
D - 41061 Mönchengladbach


## Patentfähigkeit *oder* die Erfindung i.S. des Patentrechts

Während im umgangssprachlichen Gebrauch der Begriff der Erfindung eher diffus ist, so hat er im europäischen, wie im bundesdeutschen Patentrecht eine durch Gesetz und Rechtssprechung klar umrissenen rechtlichen Sinngehalt. So bestimmt denn etwa das Patentgesetz der Bundesrepublik (PatG), wie auch das Europäische Patentübereinkommen (EPÜ) die materiellen Voraussetzungen der Patentierbarkeit wie folgt:

Es fordert jeweilig

   (a)   das Vorliegen einer Erfindung,

         sowie desweiteren

   (b)   (1)  die Neuheit dieser Erfindung,
         (2)  ihr Beruhen auf erfinderischer Tätigkeit,      und
         (3)  ihre gewerbliche Anwendbarkeit.

Während man das unter (a) genannte Kriterium häufig als Patentfähigkeit bezeichnet, so versteht man im Sprachgebrauch oftmals unter den unter (b) genannten Kriterien auch die sogenannte Patentwürdigkeit.

Während die wichtigsten Fragen der Patentwürdigkeit, nämlich Neuheit und erfinderische Tätigkeit im Prüfungsverfahren im Vergleich mit dem Stand der Technik beurteilt werden, ist die zentrale Frage bei der, der Patentwürdigkeit vorgeschalteten Prüfung der Patentfähigkeit des in Frage kommenden Schutzgegenstandes, so es sich denn um eine Erfindung und nicht nur um eine Entdeckung handelt, die nach der notwendigerweise erforderlichen technischen Natur des Anmeldegegenstandes.

Diese Forderung nach der "Technizität" der Erfindung ergibt sich nicht unmittelbar aus dem Patentgesetz bzw. dem Europäischen Patentübereinkommen, jedoch ist das Anwendungsgebiet des Patentrechts seit jeher die Technik, so daß hier u.U. von Gewohnheitsrecht gesprochen werden kann.[1] Stand nach h.L. und Rechtssprechung ist es in jedem Falle, daß es auf das Erfordernis des technischen Charakters der Erfindung für die Patentfähigkeit ankommt!

Darüber hinaus nehmen Patentgesetz wie auch das EPÜ Computerprogramme als solche vom Patentschutz aus. Über die genaue Bestimmung dessen, was Computerprogramme als solche denn nun sind, und ob diese Ausnahme vom Patentschutz nur eine Konkretisierung des Technizitätsbegiffes sei, ist viel diskutiert worden[2]. Nach dieser Diskussion und vor allem der Rechtssprechung der letzten Jahre kann heute davon ausgegangen werden, daß für die meisten der sogenannten softwarebezogenen Erfindungen, wie die Patentanmeldungen für Software immer noch etwas verschämt genannt werden, Patentschutz erlangbar ist. So wurden vor dem EPA bisher weniger als 1 % der diesbezüglichen Anmeldungen zurückgewiesen, weil sie nach dessen Auffassung Schutz für ein Computerprogramm als solches begehrten[3].

Für praktische Zwecke der Prüfung der Patentfähigkeit eines softwarebezogenen Anmeldegegenstandes können derzeit wohl folgende Kriterien herangezogen werden:

1. Algorithmen in ihrer Verwendung zur Systemsteuerung von Rechnern selbst, also als Systemsoftware sind i.d.R. patentfähig[4].

2. Algorithmen die sich auf die unmittelbare Beeinflussung von Naturkräften im klassischen Sinne beziehen, typischerweise also Prozeßrechneranwendungen sind i.d.R. patentfähig[5].

3. Bestimmte Technologien der künstlichen Intelligenz wie neuronale Netze oder auch Fuzzy-Systeme sind i.d.R. patentfähig[6].

4. a) Die Patentfähigkiet von softwarebezogenen Anmeldungsgegenständen, bei denen keine unmittelbaren Beweisanzeichen in Form technischer Beiträge (techn. Problem, techn. Merkmale, techn. Wirkung) vorliegen, kann oftmals dadurch erreicht werden, daß zur Softwarerealisierung notwendige technische Beiträge (etwa die Verwendung eines A/D-Wandlers) mit in die Ansprüche aufgenommen werden.

---


[1]   vgl.: Bernhardt, W.; Kraßer, R.: *Lehrbuch des Patentrechts*, 4. Aufl., München 1986, 89

[2]   Eine gute Zusamenfassung dieser Diskussion bis zum Stand von ca. 1993 findet sich bei: Kraßer, R.: *Der Schutz von Computerprogrammen nach deutschem Patentrecht* in Lehmann, M. (Hrsg.): *Rechtsschutz und Verwertung von Computerprogrammen*, 2. Aufl. Köln 1993

[3]   Vidon, Patrice (Übersetzung von Peiker, Isabella; Adaption von Betten, J.), *Software-Patente: Bäume und Wald*, CR 1996, 512ff.

[4]   *Richtlinien für das Prüfungsverfahren vor dem Deutschen Patentamt*, Pkt. 4.3.5, 3. Absatz, Bl. f. PMZ 1995, 282; *Richtlinien für die Prüfung im Europäischen Patentamt*, Kapitel C-IV, 40; BGH - *Seitenpuffer*, GRUR 1992, 33

[5]   *Richtlinien für das Prüfungsverfahren vor dem Deutschen Patentamt*, Pkt. 4.3.3 u. 4.3.5, 2. Absatz, Bl. f. PMZ 1995, 282; *Richtlinien für die Prüfung im Europäischen Patentamt*, Kapitel C-IV, 40

[6]   Sulikaris, Y.: *Patent Protection for Software Related Inventions, in Particular Artifical Intelligence and Neural Networks* in: Brunstein, K., Sint, P.P. (Hrsg.): *Intellectual Property Rights and New Technologies - Proceedings of the KnowRight 95 Conference*, 188ff.
Springorum, H.: *Protection of Neural Networks by German and European Law* in: Brunstein, K., Sint, P.P. (Hrsg.): *Intellectual Property Rights and New Technologies - Proceedings of the KnowRight 95 Conference*

b) Die Patentfähigkeit von softwarebezogenen Anmeldungsgegenständen, bei denen keine unmittelbaren Beweisanzeichen in Form technischer Beiträge vorliegen und sich darüberhinaus die Aufnahme derartiger technischer Beiträge in die Ansprüche als schwierig darstellt, kann oftmals dadurch nachgewiesen werden, daß zur Softwarerealisierung notwendige technische Überlegungen als indirekte Beweisanzeichen nachgewiesen werden. Ein derartiger Nachweis fällt bei entsprechend vorausschauender Beschreibungsfassung, die derartige technische Überlegungen deutlich darlegt naturgemäß leichter.[7]

5. Inwieweit Information selbst eine beherrschbare Naturkraft i.S des Patentrechts ist, und damit ihre planmäßige Beherrschung selbst als Beweisanzeichen für den technischen Charakter des Anmeldungsgegenstandes mit herangezogenwerden kann, bleibt abzuwarten. Die Tendenz in der Erteilungspraxis, wie in Rechtssprechunng und h.M. geht jedenfalls in diese Richtung[8]. Die zu führenden Verfahren bergen jedoch in dieser Hinsicht immer noch ein Risiko, so daß für die Praxis derzeit zu empfehlen ist, allein von dieser Argumentation zum Beweis der Technizität nur dann Gebrauch zu machen, falls alle anderen Wege verschlossen sein sollten.

## Die Patentwürdigkeit der softwarebezogenen Erfindung

Nachdem es nun nach h.M. und Rechtssprechung der Patentfähiget eines Anmeldegegenstandes nicht länger patenthindernd im Wege steht, daß sein erfindungswesentlicher Beitrag auf immateriellem Gebiet, also im Bereich der Software liegt, ist somit nach der Patentwürdigkeit, also insbesondere nach der Neuheit und der erfinderischen Tätigkeit solcher immaterieller Beiträge und den besonderen hiermit in Zusammenhang stehenden Problemen zu fragen.

### Neuheit von Softwareschöpfungen

Nach der Legaldefinition des Patentgesetzes der Bundesrepublik Deutschland, wie auch der des Europäischen Patentübereinkommens ist der Gegenstand einer Patentanmeldung i.S. des Patentrechts dann als neu anzusehen, wenn er nicht zum Stand der Technik gehört. Besondere Probleme für softwarebezogene Erfindungen ergeben sich im Rahmen der Neuheitsprüfung vor allem aus einer evtl. vorliegenden neuheitsschädlichen offenkundigen Vorbenutzung. Sie liegt immer dann vor, wenn eine Benutzungshandlung in der Art der Öffentlichkeit zugänglich war, daß sich die nicht zu fern gelegene Möglichkeit bot, daß fachkundige Dritte ausreichende Kenntnis vom Gegenstand der Benutzung erlangen konnten[9]. Im Falle softwarebezogener

---

[7]   TBK 3.5.1 beim EPA 31.5.94 *SOHEI/Computermanagementsystem* CR 1995, 208ff.

[8]   Wiebe, A., Information als Naturkraft - Immaterialgüterrecht in der Innformationsgesellschaft, GRUR 1994
      von Raden, L.: *Die Informatische Taube - Überlegungen zur Patentfähigkeit informationsbezogener Erfindungen,*
      GRUR 1995, 451ff.

[9]   vgl. Benkard, G., *Kommentar zum Patentgesetz, Gebrauchsmustergesetz,* 9.Aufl., München 1994, § 3 PatG, Rdnr. 63

Erfindungen stellt sich nun hier die besondere Problematik, ob denn nun schon die öffentliche Zugänglichkeit des Programmcodes allein eine offenkundige Vorbenutzung darstellt, und wenn ja, bereits die des Objektcodes, oder erst die des Quellcodes.

Im Falle eines in Objektcodeform vorliegenden Programms zur Steuerung einer Druckmaschine war die Technische Beschwerdekammer 3.2.3 beim Europäischen Patentamt der Auffassung, daß der im ROM einer betriebsfähigen Maschine enthaltene Objektcode keine offenkundige Vorbenutzung darstelle, da seine Analyse mittels Disassemblieren und/oder „Reverse Engineering“, insbesondere im Falle des Vorliegens des Codes im ROM einer funktionsfähigen Produktionseinrichtung, also eines sogenannten ´embedded-Systems´ weitaus zu aufwendig sei[10]. Offengelassen hat dabei die Kammer die Frage, ob auch der Objektcode allein. für sich genommen, und nicht etwa im ROM einer zur Produktion bereitgehaltenen Maschine, sondern etwa auf einem jederzeit zugänglichen Datenträger vorliegend, ebenfalls keine offenkundige Vorbenutzung darstellen würde. Hierzu meint Betten[11], daß in einem solchen Falle sehr wohl eine neuheitsschädliche Vorbenutzung anzunehmen sei, da hier das „ ...Programm leicht kopiert und dann analysiert werden... “[12] kann. Dem ist nicht zuzustimmen. Zwar läßt die erkennende Kammer in ihrer Entscheidung die Frage offen, ob die Verfügbarkeit des Objektcodes allein schon eine offenkundige Vorbenutzung darstellt oder nicht, sie beantwortet diese Frage vielmehr nur im konkreten Falle des in der Maschine integriert vorliegenden und daher auch schwerer zugänglichen Codes. Jedoch führt sie in ihrer Begründung ausdrücklich aus, daß eine „Disassemblierung“ oder ein „Reverse-Enginneering“ des Objektcodes in eine dem Fachmann zugängliche Form einen Aufwand von Mannjahren bedeute. Hier ging die Kammer in ihrer Entscheidung jedoch ebenfalls davon aus, daß der Mikrochip während der Analyse nicht zur Verfügung stünde und somit die Maschine auch derweil nicht betrieben werden könne. Eine solche Annahme ist zweifelsohne irrig: Entweder handelt es sich um einen Chip dessen Code auslesbar ist, dann kann der jeweilige Objektcode auch auf Datenträger kopiert und der Chip wieder in die Maschine zur weiteren Verwendung eingebaut werden, oder aber es handelt sich um einen gesicherten Baustein, dessen Programmcode nicht auslesbar ist, was dann denknotwendig auch dessen weitere Analyse verbietet.

Es stellt sich im weiteren die Frage, ob die Kammer in tatsächlich richtiger Ansehung der Weiterverwendbarkeit der Maschine während der Analyse des Objektcodes anders entschieden hätte. Hierauf deutet nichts hin. Die Ausführungen betreffs der Nichtverwendbarkeit der Produktionseinrichtung haben bei näherer Betrachtung lediglich ergänzenden Charakter, insofern auch der tatsächliche Irrtum über den o.a. Umstand letztlich unerheblich bleibt. Wesentlich ist einzig und allein der hohe Aufwand, der im Falle eines zugänglichen Objektcodes betrieben werden muß, um die in ihm verkörperte technische Lehre dem

---

[10] TBK 3.2.3 17.4.1991 - *Mikrochip*, CR 1992, 535ff.
[11] Anmerkungen zu: TBK 3.2.3 17.4.1991 - *Mikrochip*, CR 1992, 539
[12] Anmerkungen zu: TBK 3.2.3 17.4.1991 - *Mikrochip*, CR 1992, 539

Fachmann zur Kenntnis zu bringen. Dieser Aufwand liegt wesentlich, nämlich in der Größenordnung „von Mannjahren"[13] in der Analyse des Codes im Wege der hierfür zur Verfügung stehenden Verfahren (Disassembling, Reverse Engineering) begründet. Die Zugänglichkeitserschwernisse, die in der Integration der Rechnerbauteile (Mikrochips) in eine Maschine begründet liegen, treten demgenüber an Bedeutung völlig zurück. Festzuhalten bleibt daher, daß allein im Vorliegen des Maschinencodes, ja selbst in seiner völlig freien Zugänglichkeit keine offenkundige Vorbenutzung gesehen werden kann, da nach dem jetztigen Stand der Softwaretechnik eine Analyse eines solchen Codes in aller Regel viel zu aufwendig ist. Es bleibt jedoch zu beobachten, ob der Fortschritt im Bereich der sogenannten Reverse-Engineering-Tools eine solche Auffassung in Zukunft fraglich werden läßt. Abweichend hiervon, sind jedoch seltenere Sonderfälle zu beurteilen, wie etwa der des Objektcodes, der sich aus der Übersetzung eines gut strukturierten, einfacheren Assemblerprogramms ergibt, oder der Fall, daß das den Objektcode erzeugende Übersetzerprogramm sogenannte Runtime-Informationen mit in den Objektcode integriert, so daß dieser Rückschlüsse auf die Struktur des Quellcodes mit vertretbarem Aufwand erlaubt.

Ihre Bestätigung in der Rechtssprechung findet diese Auffassung auch in einer weiteren Entscheidung[14], in der die erkennende Kammer darauf hinweist, daß ein Programmtext, insbesondere im Falle seiner natürlichsprachigen Kommentierung, durchaus zum Stand der Technik zu rechnen und damit bei der Prüfung zu berücksichtigen sei, so er denn in einer üblichen Programmiersprache abgefaßt ist. Vom lauffähigen Objektcode kann aber, schon wegen seiner Abhängigkeit vom Prozessortyp nicht behauptet werden, daß es sich um eine übliche Programmiersprache handelt. Vielmehr benutzt eine derartige Notation, von ganz seltenen Ausnahmen abgesehen, mangels mnemotechnischer Ausdrucks- und Dokumentationsfähigkeit überhaupt gar niemand mehr. Derartiger Code wird rein automatisch von hierzu geeigneten Übersetzungssystemen, wie etwa Compilern oder allenfalls Assemblern erzeugt. Umgekehrt weist die Entscheidung jedoch richtigerweise darauf hin, daß Quellcode, in gängiger Weise notiert (also etwa in Programmiersprachen wie C, Pascal, Fortran, aber auch gängigen Assemblersprachen), insbesondere dann, wenn er kommentiert, also gut nachvollziehbar vorliegt, als relevanter Stand der Technik anzusehen ist, und seine Verbreitung damit als offenkundige Vorbenutzung zu gelten hat. Die besondere Erwähnung der natürlichsprachigen Kommentierung in dieser Entscheidung gibt einen Hinweis darauf, daß die Kammer hier bereits Zweifel an der Lesbarkeit des Quellcodes allein, und damit an seiner Neuheitsschädlichkeit, hatte; um so mehr muß dies also für den Objectcode gelten.

Da im Falle softwarebezogener Erfindungen zumeist mindestens ein unabhängiger Patentanspruch als Verfahrensanspruch formuliert ist, hat ein weiteres Augenmerk dem Umstand zu gelten, daß eine offenkundige Vorbenutzung eines Verfahrens auch in seiner

---

13  TBK 3.2.3 17.4.1991 - *Mikrochip*, CR 1992, 539
14  TBK 3.5.1 29.4.1993 - *Vorrichtung zur Überwachung von elektronischen Rechenbausteinen, insbesondere Mikroprozessoren/(Robert Bosch GmbH./.Siemens AG)*, Az. T 92/164, hier: Leitsatz II., unveröffentlicht

öffentlichen Benutzung gegeben sein kann, insbesondere durch das Angebot oder Inverkehrbringen von Vorrichtungen zur Benutzung des Verfahrens. Dies ist immer dann anzunehmen, wenn aus der Nutzung der Vorrichtung ein Rückschluß auf die Durchführung des Verfahrens selbst möglich ist.[15]

## Erfinderische Tätigkeit bei Softwareschöpfungen

Der Gegenstand einer Patentanmeldung ist nach deutschem wie europäischem Recht dann als erfinderisch anzusehen, wenn er sich dem Durchschnittsfachmann nicht in naheliegender Weise aus dem Stand der Technik ergibt. Dabei ist das Beruhen des Anmeldegegenstandes auf erfinderischer Tätigkeit nicht, wie im Falle der Neuheitsprüfung im Einzelvergleich mit jeder in Frage kommenden Entgegenhaltung zu prüfen, sondern hat insbesondere auch mosaikartig, orientiert an den Einzelmerkmalen des fraglichen Patentanspruchs zu erfolgen[16]. Die Prüfung erfolgt dabei zumeist, wenn auch nicht immer explizit, nach dem sogenannten Problem Solution Approach[17], nach dem erst der nächstliegende Stand der Technik ermittelt und dann hiervon ausgehend festgestellt wird, ob die demgegenüber tatsächlich gemachte Erfindung für den sogenannten Durchschnittsfachmann denn nahegelegen hätte[18]. Hat sie dies nicht, so ist ihr Beruhen auf erfinderischer Tätigkeit zu bejahen.

Für softwarebezogene Erfindungen ist dabei zunächst festzuhalten, daß bei der Beurteilung der erfinderischen Tätigkeit einer solchen Erfindung deren Prüfung unter Einbeziehung des verwendeten Algorithmus zu erfolgen hat. Insbesondere darf nicht nur der nach klassischem Verständnis technische Teil der Merkmale des fraglichen Patentanspruchs auf erfinderische Tätigkeit geprüft werden[19]. Dies bedeutet für die Praxis, daß hier die Software, wenn auch im Hinblick auf die zu lösende technische Aufgabe, einer Prüfung auf Erfindungshöhe unterliegt.

Sodann stellt sich die Frage nach dem zuständigen Durchschnittsfachmann. In den Fällen, wo nicht allein die informationstechnische Realisierung der Problemlösung im Vordergrund steht, sondern auch das Anwendungsgebiet dieser Lösung selbst, also klassischerweise bei fast allen Automatisierungsaufgaben, Prozeßrechneranwendungen etc.ist die erfinderische Tätigkeit immer ausgehend sowohl von der Position des Durchschnittsfachmannes auf dem jeweiligen Anwendungsgebiet, wie auch von der des Fachmanns der Informatik zu beurteilen, was im Einzelfall sicherlich die Anforderungen an die Erfindungshöhe heraufzusetzen vermag, da der gesamte beanspruchte Gegenstand von beiden Positionen aus betrachtet als nicht naheliegend gelten darf[20].

---


[15] vgl. Benkard, G., *Kommentar zum Patentgesetz, Gebrauchsmustergesetz*, 9.Aufl., München 1994, § 3 PatG, Rdnr. 45

[16] vgl. Benkard, G., *Kommentar zum Patentgesetz, Gebrauchsmustergesetz*, 9.Aufl., München 1994, § 4 PatG, Rdnr. 6

[17] vgl. zum PSA auch Szabo, George, S.A., *Der Ansatz über Aufgabe und Lösung in der Praxis des Europäischen Patentamts*, Mitt. 1994, 225ff.

[18] vgl. hierzu: Sieber, W., *Erfinderische Tätigkeit - Ausbildungskurs für Sachprüfer des EPA Generaldirektion 2*, März 1992, unveröffentlicht

[19] BPatG 5.10.89 - *Seismische Aufzeichnungen*, GRUR 1990, 261ff.; BGH 4.2.92 - *Tauchcomputer*, GRUR 1992, 432

[20] TBK 3.5.1 beim EPA 29.4.1993 - *Vorrichtung zur Überwachung von elektronischen Rechenbausteinen, insbesondere Mikroprozessoren (Robert Bosch GmbH./.Siemens AG)*, Az. T 92/164, hier: Leitsatz II., unveröffentlicht
vgl. Schulte, R., *Patentgesetz mit EPÜ - Kommentar auf der Grundlage der deutschen und europäischen Rechtssprechung*, § 4 PatG/Art. 56 EPÜ, Rdnr. 13

Daß sich der Problem Solution Approach selbst auch in seiner Anwendung auf Software bewährt, vermögen die Entscheidungen Datenprozessornetz[21], wie auch Röntgeneinrichtung[22] in ihrer jeweiligen Begründung anschaulich zu belegen.

Betreffend der gewerblichen Anwendbarkeit bleibt lediglich festzuhalten, daß diese in bezug auf softwarebezogene Erfindungen keine besonderen Probleme aufwirft.

## Die Anmeldung der softwarebezogenen Erfindung und ihre besonderen Probleme

### Der Aufbau der Patentanmeldung

Die softwarebezogene Patentanmeldung besteht i.d.R., wie jede andere Patentanmeldung auch, aus der Beschreibung der Erfindung, den zugehörigen Zeichnungen, und den Patentansprüchen. Alle Elemente zusammen betrachtet, stellen die sogenannte Offenbarung der Erfindung dar.

Die Beschreibung der Erfindung hat ausgehend vom Stand der Technik das der Erfindung zugrundeliegende Problem, die sogenannte Aufgabe aufzuzeigen und darüberhinaus dem Fachmann u.U. unter Bezugnahme auf die Zeichnungen das Wissen zu vermitteln, das er benötigt, um die Erfindung nachzuarbeiten bzw. ausführen zu können. Hierbei kann von Kontrollstrukturdarstellungen, aber auch kommentiertem Source-Code, ebenso wie von graphischen Darstellungen Gebrauch gemacht werden[23]. Die ausschließliche Verwendung von Quellcode stellt jedoch keine ausreichende Beschreibung dar[24], obgleich derselbe Quellcode einer Patentanmeldung allein schon neuheitsschädlich entgegenzustehen vermag[25], sofern er in einer üblichen Programmiersprache vorliegt.

Die Patentansprüche bestimmen schließlich den Schutzbereich der Erfindung und sind daher besonders wichtig. Im Verletzungsstreit wird festgestellt, ob der durch die Patentansprüche abgesteckte Schutzbereich verletzt wird oder nicht. Hierbei ist die Beschreibung zur Auslegung der Patentansprüche mit heranzuziehen.

Bei den Patentansprüchen kann grundlegend nach zwei Anspruchskategorien unterschieden werden, nämlich Sachansprüchen und Tätigkeitsansprüchen. Sachansprüche können für Erzeugnisse und Vorrichtungen, Tätigkeitsansprüche für Verfahren und Verwendungen erteilt werden[26]. Für softwarebezogene Erfindungen kommen in erster Linie zunächst Verfahrensansprüche in Frage, die den Charakter eines Algorithmus aufweisen. Darüber hinaus ist es jedoch auch ratsam, bei derartigen Erfindungen auch die durch das Zusammenwirken von Hard- und Software entstehende Vorrichtung zu beanspruchen. So stellen denn zwei


21    TBK 3.5.1 beim EPA 6.10.1988 - *Datenprozessornetz/IBM*, Amtsbl. des EPA 1990, 5ff.

22    TBK 3.4.1 beim EPA 21.5.1987 - *Röntgeneinrichtung/( Koch & Sterzel./.1.Siemens AG, 2. Phillips)*, Az. T 86/26, in vollständiger Fassung, insbesondere der Begründung zur erfind. Tätigkeit unveröffentlicht

23    *Richtlinen für das Prüfungsverfahren vor dem Deutschen Patentamt*, Pkt. 4.3.7, Bl. f. PMZ 1995, 282

24    *Richtlinen für das Prüfungsverfahren vor dem Deutschen Patentamt*, Pkt. 4.3.7, 4. Absatz, Bl. f. PMZ 1995, 282

25    TBK 3.5.1 29.4.1993 - *Vorrichtung zur Überwachung von elektronischen Rechenbausteinen, insbesondere Mikroprozessoren/(Robert Bosch GmbH./.Siemens AG)*, Az. T 92/164, unveröffentlicht

26    *Richtlinien für die Prüfung im Europäischen Patentamt*, Kapitel C-III Nr. 3

derartige Ansprüche, welche die gleiche Erfindung betreffen, oft nur eine unterschiedliche Sichtweise des beanspruchten Erfindungsgegenstandes dar.

Aus der Abfassung von Patentanmeldungen ergeben sich darüberhinaus eine Reihe weiterer Probleme denen im folgenden die Aufmerksamkeit gilt.

### Klarheit der Ansprüche

Art. 84 EPÜ, wie auch § 35 PatG verlangen klare und deutlich gefaßte Patentansprüche, aus denen ersichtlich ist, was unter Schutz gestellt wird. Hier existieren Grenzfälle, die insbesondere für softwarebezogene Erfindungen Bedeutung haben. So ist denn ein auf ein Verfahren zum Betreiben eines Gerätes gerichteter Anspruch i.S. des Art. 84 EPÜ nicht deutlich gefaßt, wenn die Merkmale des Anspruchs tatsächlich nur die Wirkungsweise des Gerätes beschreiben, da es sich hier nach Auffassung der in diesem Falle erkennenden Beschwerdekammer des EPA zwar um einen als Verfahrensanspruch formulierten, tatsächlich jedoch als Sachanspruch vorliegenden Anspruch handelt[27]. Die tatsächliche Anspruchskategorie sei daher nicht erkennbar, was die Unklarheit des Patentanspruchs zur Folge habe. Die mangelnde Qualität des Anspruchs als Verfahrensanspruchs ergebe sich insbesondere aus den Merkmalen des kennzeichnenden Teils des in Rede stehenden Anspruchs, der ausschließlich Merkmale aufweise, die die Handhabung von Registerwerten in einem Speicher betreffen und somit die Funktion eines Herzschrittmachers angäben, was letzlich einer funktionellen Definition des Gerätes gleichkäme[28].

Dem ist nicht zuzustimmen, da letzlich, wie auch bereits o.a. die Wahl der Anspruchskategorie im Falle softwarebezogener Erfindungen eine Frage der unterschiedlichen Sicht ein und derselben Sache ist. Einerseits tritt aus der Sicht des Verfahrensanspruchs mehr der Algorithmus in den Vordergrund, andererseits stellt der zugehörige Vorrichtungsanspruch naturgemäß die zur Durchführung des Verfahrens notwendigen physischen Entitäten in das Licht der Aufmerksamkeit. Eine Begründung inwiefern dies den Anspruch unklar werden läßt, bleibt die erkennende Kammer schuldig, wodurch die o.a. Entscheidung letztlich nicht zu überzeugen vermag.

### Einheitlichkeit

Nach § 35 (1) S. 2 PatG, sowie Art. 82 EPÜ hat der beanspruchte Erfindungsgegenstand dem Grundsatz der Einheitlichkeit zu genügen. Hierdurch soll verhindert werden, daß mehrere voneinander unabhängige Erfindungen in einer Anmeldung zusammengefaßt werden[29]. Hieraus erwachsen mitunter Probleme für die Kombination unterschiedlicher Anspruchskategorien in der Anmeldung. Die gerade die für softwarebezogenen Anmeldungen

---

[27] TBK 3.4.1 beim EPA - *Herzschrittmacher*, GRUR 1992, 549ff.
[28] TBK 3.4.1 beim EPA - *Herzschrittmacher*, GRUR 1992, 550
[29] vgl. Schulte, R., *Patentgesetz mit EPÜ - Kommentar auf der Grundlage der deutschen und europäischen Rechtssprechung*, § 35 PatG/Art. 82 EPÜ, Rdnr. 125 u. 126

wichtige Kombination „Verfahren + Vorrichtung bzw. Mittel zu seiner Ausführung" sind jedoch i.d.R. als einheitlich[30] anzusehen.

## Die unzureichende Offenbarung

Im Zusammenhang mit softwarebezogenen Erfindungen stellt sich auch das Problem der unzureichenden Offenbarung der Erfindung. § 34 (2) PatG, wie auch Art. 83 EPÜ verlangen vom Anmelder, daß die Lehre des Streitpatents so deutlich und vollständig offenbart wird, daß ein Fachmann sie ausführen kann. In Anmeldungen softwarebezogener Erfindungen, ist eine Tendenz festzustellen, Erfindungsgegenstände zu beanspruchen, die gar nicht offenbart werden. Dies findet seinen Grund wohl darin, daß für einen Algorithmus oftmals leicht behauptet werden kann, er ließe sich zur Lösung einer ganzen Reihe von Problemen verwenden, für die er aber in Wahrheit gar nicht geeignet ist. Eine exakte Aufklärung dieses Umstandes ist dem Patentamt im Erteilungsverfahren jedoch oftmals nicht möglich. Entsprechend zu weit erteilte Patente können dann jedoch im streitigen Verfahren (Einspruch bzw. Klage) von Dritten beseitigt oder eingeschränkt werden. Ein Beispiel hierfür ist das deutsche Patent Nr. DE 44 25 348 C1, das nach seinem Titel ein Verfahren zur Steuerung der Lastabwehr eines Echtzeitrechners lehrt, dies jedoch nach Auffassung eines Einsprechenden in einem z.Zt. anhängigen Einspruchsverfahren vor dem DPA nicht zu leisten vermag[31].

## Die unzulässige Erweiterung

Nach § 38 PatG und Art. 123 EPÜ darf die Patentanmeldung im Laufe des Erteilungs- oder Einspruchverfahrens nicht über den ursprünglich offenbarten Inhalt hin erweitert werden. Für softwarebezogene Erfindungen erlangt diese Bestimmung vor allem daher Bedeutung, als daß in der Offenbarung eines Verfahrens zwar auch die Offenbarung eines zur Durchführung dieses Verfahrens notwendigen Gerätes gesehen werden kann, jedoch dessen nachträgliche Beanspruchung i.d.R. daran scheitert, daß dieses Gerät nicht nur zur Ausführung des erfindungsgemäßen Verfahrens dienen kann, sondern i.d.R. auch zur Durchführung anderer Verfahren geeignet ist, worin eine unzulässige Erweiterung auf einen nicht offenbarten Gegegnstand zu sehen ist[32].

## Die Recherche nach dem Stand der Technik

Das wohl häufigst vorgetragene Argument gegen die Patentfähigkeit von Softwareprodukten aus praktischer Sicht, ist das der schwierigen Recherchierbarkeit und der daraus resultierenden unzuverlässigen Prüfung der Patentwürdigkeit[33]. Ein Grund hierfür besteht darin, daß ein großer Teil der für diesen Zweig der Technik relevanten Literatur nicht in Patentschriften zur Verfügung steht, (dies im übrigen auch deshalb, weil die Patentämter lange Zeit

---


30    vgl. Regel 30b AusfO EPÜ; BPatG, Mitt. 1969, 75; Reichspatentamt, Bl. für PMZ 13, 292; BGH - *Isomerisierung*, Bl. f. PMZ 71, 371

31    DPA Az. P 44 25 3 48.6-53

32    TBK 3.4.2 Beim EPA 6.11.1990 - *Offenbarung eines mit einem Computer verbundenen Geräts/GENERAL ELECTRIC*, GRUR Int. 1993, 159ff.

33    vgl. Garfinkel, Simson L., *Patently Absurd*, Wired Online im WorldWideWeb des Internet, 30.1.1995

softwarebezogenen Erfindungen den Schutz verweigerten), sondern in Büchern und Fachaufsätzen vorliegt. So wurde denn auch, um diesem Mangel in der Praxis des Erteilungsverfahrens abzuhelfen, das Software Patent Institute in Ann Arbor, Michigan von interessierten Kreisen aus der Industrie und der University of Michigan[34] und am 2.10.1995 eröffnet, was die Recherche in Zukunft sicherlich erleichtern wird.

### Die aus der Anmeldung resultierende Offenlegung und ihre Problematik

Ein besonderes Problem für den Anmelder softwarebezogener Erfindungen ergibt sich oftmals aus der zwangsläufig mit der Anmeldung verbundenen Offenlegung der Patentanmeldung nach 18 Monaten. Eine Offenlegung hat im Falle der Nichterteilung des Patents neben der sicherlich unerwünschten Folge der besonders guten Unterrichtung der Mitbewerber über eigenes Know-How auch weitere höchst unerfreuliche kartellrechtliche Wirkungen, die die weitere Möglichkeit der Lizenzierung des Anmeldegegenstandes, der dann ja nicht mehr geheim ist, einzuschränken vermögen (vgl. §§ 20, 21 GWB, Art. 85 EWG-Vertrag, § 4 EWG KartVO). Wird rechtzeitig vor Offenlegung klar, daß kein Patentschutz zu erlangen ist, so sollte dann die jeweilige Anmeldung zurückgezogen werden, um eine Offenlegung zu verhindern. Eine eigene vorausschauende Abschätzung der Erteilungsaussichten ist in der Praxis aufgrund der oft schwierig zu beurteilenden erfinderischen Tätigkeit oft nicht hinreichend gut möglich.[35]

Das kartellrechtliche Risiko der Offenlegung wird im Falle softwarebezogener Anmeldungen etwas abgemildert, da die Programme selbst, unabhängig von der Patentwürdigkeit der ihnen zugrundeliegenden Verfahren, nach §§ 2 (1) Nr. 1, 69 a ff. UrhG meist Urheberrechtsschutz genießen, auf den sich ein evtl. Lizenzvertrag dann immer noch beziehen kann.

## Der Schutzbereich des softwarebezogenen Patents

### Der Schutzumfang des Patents in der Bundesrepublik

Der Schutzbereich des europäischen Patents wird in Artikel 69 (1) EPÜ normiert, der des deutschen bemißt sich nach § 14 PatG. Hiernach bestimmen sich jeweils der Schutzumfang nach dem Inhalt der Patentansprüche; Zeichnung und Beschreibung dienen der ergänzenden Auslegung. Nach § 139 PatG kann ein jeder, der eine patentierte Erfindung entgegen den Regelungen der §§ 9-13 PatG benutzt vom Verletzten, d.h. meist dem Patentinhaber, auf Unterlassung und i.d.R. auch auf Schadenersatz in Anspruch genommen werden. § 9 PatG bestimmt, daß es allein dem Patentinhaber gestattet ist die Erfindung zu benutzen; jedem Dritten ist dies grundsätzlich verboten. § 10 PatG erweitert darüber hinaus die Wirkung des Patents auch auf das Verbot der sogenannten mittelbaren Benutzung. Die Regelungen der §§ 11-13 PatG sehen schließlich einige Ausnahmetatbestände von diesen Grundsätzen vor, von denen vor allem § 12 PatG Bedeutung hat, da er den früheren Erfindern, die ihre Erfindung nicht zum Patent führten, als Ausgleichsregelung zum tatsächlichen Anmelder ein gesetzliches Vorbenutzungsrecht einräumt.

---

[34]  vgl. *The SPI Reporter*, Vol. 2 Issue 1 Fall 1995, 1

[35]  vgl. hierzu auch: Bardehle, H., *Die Freigabe von Know-how durch das prüfende Patentamt*, GRUR Int. 1990, 673ff.

### Besondere Probleme der Verletzung softwarebezogener Erfindungen

Während bislang kaum Rechtssprechung zur Verletzung softwarebezogener Patente in der Bundesrepublik bekannt ist, stellt sich im Zusammenhang mit derartigen Erfindungen doch gleichwohl die Frage nach besonderen Problemen hier denkbarer Fallgestaltungen.

Da es sich im Falle softwarebezogener Erfindungen zumeist um Verfahrenserfindungen handelt, sind die für diese Patentkategorie von der Rechtssprechung entwickelten Grundsätze auch hier maßgeblich. Besondere Bedeutung kommt somit hier der Doktrin des BGH zu, nach der Verfahren auch dann nicht gemeinfrei werden, wenn die speziellen Vorrichtungen zu ihrer Durchführung vom Patentinhaber selbst frei auf dem Markt vertrieben werden[36]. Es bedarf vielmehr der ausdrücklichen Lizenzierung des Verfahres selbst. Es kann jedoch u.U. ein Anspruch des Erwerbers der Vorrichtung auf Lizenzierung zu angemessenen Bedingungen bestehen[37].

Auch können softwarebezogene Erfindungen besondere Probleme im Lichte einer evtl. mittelbaren Patentverletzung aufwerfen. Es stellt sich hier nämlich die Frage, ob in der Lieferung, oder dem Feilbieten einer Anlage, die sich bis auf die fehlende oder andersartige, nämlich nicht patentverletzend ausgestaltete Software, nicht von einer patentverletzenden Vorrichtung unterscheidet, evtl. eine mittelbare Patentverletzung erblickt werden kann.

### Vorbenutzungsrechte

Auch für das dem zwar nicht anmeldenen, aber älteren Nutzer einer Erfindung zustehende Vorbenutzungsrecht ergeben sich für Verfahrenserfindungen, wie sie die softwarebezogenen Erfindungen ja oft darstellen, empfindliche Einschränkungen, die es zu beachten gilt. So ist es dem Vorbenutzer zwar erlaubt das Verfahren selbst anzuwenden, eine Lizenzierung steht ihm nach der Rechtssprechung jedoch nicht zu[38]. Dies gilt insbesondere auch dann, wenn sein eigentlicher Geschäftszweck gerade in der Lizenzierung solcher Verfahren besteht, wie es bei Herstellern von Software oder Steuerungseinrichtungen regelmäßig der Fall sein wird. Ein Vorbenutzungsrecht aufgrund vorheriger betriebsinterner Vorbenutzung besteht hier dann zwar, läuft in der Praxis aber aus den o.a. Gründen leer und ist somit meist wertlos.

---

[36]  vgl. BGH - *Fullplast-Verfahren*, GRUR 1980, 38f.; vgl.  Benkard, G., *Kommentar zum Patentgesetz, Gebrauchsmustergesetz*, 9.Aufl., München 1994, § 9 PatG, Rdnr. 24

[37]  vgl. BGH - *Fullplast-Verfahren*, GRUR 1980, 39

[38]  BGH 23.4.74 - *Anlagengeschäft*, GRUR 1974, 463ff.; Lindenmeier-Möhring, *Entscheidungssammlung des BGH*, § 16 ArbEG Bl. 2 Rückseite 5.a), 1975; abw. Fischer, E., *Der Benutzungsvorbehalt nach dem Arbeitneh-mererfinderrecht im Verfahrens- und Anlagengeschäft*, GRUR 1974, 500ff.

# Java & Echtzeitsysteme ?

Jürgen Kleinöder, Uwe Rastofer
Universität Erlangen-Nürnberg, Lehrstuhl für Betriebssysteme
Martensstraße 1, 91058 Erlangen
{kleinoeder, rastofer}@informatik.uni-erlangen.de

## Überblick

Java[1] hat innerhalb von wenigen Monaten eine sehr starke Aufmerksamkeit in fast allen Computeranwendungsbereichen gewonnen. Die Einsatzmöglichkeiten von Java im Echtzeitbereich sind damit auch ein aktuelles Thema. In diesem Artikel wird die Eignung heutiger Java-Systeme für die Echtzeitprogrammierung untersucht und es werden Möglichkeiten aufgezeigt, wie die gröbsten Defizite behoben werden könnten. Mit Real-Time Java wird eine Erweiterung von Java vorgestellt, mit der alle heute in der Automatisierungstechnik üblichen Abläufe bearbeitet werden können. Das derzeit häufigste Einsatzfeld von Java — die Bereitstellung von plattformunabhängigen Softwarekomponenten im Netzwerk — ist gerade für die Realisierung von Bedien- und Beobachtungssoftware von großer Bedeutung.

## 1   Einführung

Seit der offiziellen Ankündigung durch Sun Microsystems im Mai 1995 hat sich Java vor allem bei der Entwicklung von Softwarekomponenten, die über das World Wide Web geladen werden können, etabliert. Seinen Ursprung hat Java jedoch in einem Forschungsprojekt zur Entwicklung von Software für kleine vernetzte Computersysteme und *Embedded Systems* [1]. Die dafür ursprünglich verwendete Sprache C++ bereitete so viele Probleme, daß man sich entschloß, eine vollkommen neue Sprache zu entwerfen. Das Ergebnis ist das *Java Environment*, kurz Java.

Unter dem Druck von immer komplexeren Steuerungsaufgaben und immer kürzeren Entwicklungszeiträumen im Bereich von Echtzeitsystemen und Embedded Systems wird der Einsatz etablierter Programmierumgebungen und -methoden zunehmend problematisch. Java bietet eine Reihe von Eigenschaften, die es für einen Einsatz in diesen Bereichen interessant macht:

- Java ist *objektorientiert*. Der objektorientierte Ansatz hat sich in den letzten Jahren als ein wirksames Mittel zur Beherrschung komplexer Systeme erwiesen.

- Die Syntax von Java ist *einfach*. Sie ist an C und C++ angelehnt und somit für viele Programmierer leicht erlernbar. Redundante und fehleranfällige Sprachkonstrukte (z.B. Zeiger) wurden weggelassen, wodurch eine ganze Klasse von Fehlern von vornherein ausgeschlossen werden konnte.

- Java-Programme werden *interpretiert*. Dies beschleunigt das Erstellen von Prototypen, erleichtert die Fehlersuche und verkürzt dadurch die Entwicklungszyklen. Andererseits können Java-Programme von *Just-In-Time-Compilern* in Maschinencode übersetzt werden, um die nötige Ausführungsgeschwindigkeit der fertige Applikation zu erreichen.

---

1. Java™ = die objektorientierte Programmiersprache und das zugehörige Laufzeitsystem, bestehend aus Klassenbibliotheken und virtueller Maschine.
Java, JavaOS, picoJava, microJava und UltraJava sind Warenzeichen von Sun Microsystems, Inc.

- Java ist sehr *robust*. Durch automatische *Garbage Collection* werden Speicherlöcher und ungültige Zeiger vermieden. Laufzeitfehler, wie beispielsweise das Überschreiten von Feldgrenzen, erzeugen Ausnahmen (*Exceptions*), die elegant abgefangen und behandelt werden können.

- Java ist *plattformunabhängig* und *portabel*. Speziell im Bereich der *Embedded Systems* müssen oft viele verschiedene Prozessoren, wie Motorola 68000, PowerPC, Intel i960 usw., unterstützt werden oder Anwendungen müssen auf neue Prozessorgenerationen portiert werden. In diesem Fall müssen nur die virtuelle Java-Maschine und einige Klassenbibliotheken portiert werden. Alle Anwendungen sind dann ohne Neuübersetzung sofort lauffähig, da sie aus einem standardisierten Bytecode bestehen.

- Java ist *dynamisch*. Java-Programme können sich an veränderte Umgebungen anpassen, indem sie Programmteile (Klassen) während der Laufzeit nachladen. Das ermöglicht den Austausch von Komponenten, ohne das Gesamtsystem anhalten und neu starten zu müssen. Außerdem können bei einem Hardwareausfall Programmteile auf noch funktionstüchtige Knoten des Systems verlagert werden.

Einige Eigenschaften von Java erweisen sich jedoch als ungünstig für die Realisierung von Echtzeitsystemen. In Kapitel 2 wird die Standard-Java-Umgebung auf ihre Eignung für Echtzeitanwendungen untersucht. Es werden Lösungen vorgeschlagen, wie die mit Echtzeitanforderungen nicht verträglichen Mechanismen anders realisiert werden können. Kapitel 3 stellt eine Erweiterung von Java vor, die spezielle Sprachkonstrukte zur Echtzeitprogrammierung enthält. In Kapitel 4 wird schließlich noch kurz auf die Eignung von Java zur Erstellung von Bedien- und Beobachtungssoftware eingegangen.

## 2 Standard-Java und Echtzeit

Der Java-Standard besteht derzeit aus der Sprachdefinition [2], der Spezifikation der virtuellen Maschine [3] und einer Menge von Standard-APIs, die in der Form von Klassenbibliotheken vorliegen. Die Menge der unterstützten APIs variiert je nach der Plattform, für die das Java-Programm bestimmt ist [4]:

- *Basic Java* enthält neben dem Sprachkern (java.lang) APIs zur Grafik- (java.awt), Dateisystem- (java.io) und Netzwerkunterstützung (java.net) und ist für größere Systeme wie WWW-Browser und Netzcomputer gedacht.

- *Embedded Java* ist eine Teilmenge von Basic Java und besteht nur aus dem Sprachkern und einigen Hilfsklassen (java.util). Embedded Java ist auch auf kleinen Systemen mit beschränkten Ressourcen lauffähig.

Für diese Plattformen gibt es mehrere Implementierungsmöglichkeiten:

- Die virtuelle Java-Maschine wird auf ein existierendes Betriebssystem aufgesetzt bzw. in einen WWW-Browser integriert.

- Die virtuelle Maschine läuft auf einem Standard-Mikroprozessor ohne darunterliegendes Betriebssystem. Alle vom Betriebssystem erbrachten Dienste werden in Java realisiert. Eine Treiber-API stellt die Schnittstelle zur Hardware zur Verfügung. Das von JavaSoft entwickelte *JavaOS* verwendet diese Architektur [5].

- Die virtuelle Maschine wird direkt vom Mikroprozessor unterstützt. Sun Microelectronics arbeitet an mehreren Varianten solcher Prozessoren; *picoJava* für die Embedded-Plattform sowie *microJava* und *UltraJava* für die Basis-Plattform.

Einige für Echtzeitsysteme interessante Eigenschaften der virtuellen Java-Maschine und des Sprachkerns sind leider nicht standardisiert. Dadurch ist die Echtzeitfähigkeit von Java-Applikationen stark von der darunterliegenden Maschine abhängig. Das betrifft vor allem die folgenden Punkte:

## Threads und Scheduling

Die einzigen aktiven Objekte in Java sind Threads. Ein neuer Thread wird durch Instantiierung eine Objektes der Klasse java.lang.Thread erzeugt. Jeder Thread hat eine Priorität, die durch die Methode setPriority( ) geändert werden kann. Die virtuelle Java-Maschine entscheidet anhand der Priorität, welcher Thread als nächstes den Prozessor erhält. Der dazu verwendete Algorithmus ist nicht standardisiert und kann vom Java-Programm nicht beeinflußt werden [6].

Die meisten Java-Systeme verwenden einen einfachen FIFO-Scheduler mit einer Warteschlange pro Priorität. Weil bei dieser Prozessorvergabestrategie ein nicht kooperierender Thread das System vollkommen blockieren kann, ist es unmöglich, Aussagen darüber zu machen, wann ein bestimmter Thread wieder den Prozessor erhält. Ein solches Verhalten steht einem Einsatz für Echtzeitanwendungen entgegen.

Eine Blockade des Systems durch einen Thread könnte durch Einsatz eines *preemptiven Schedulers* in der virtuellen Java-Maschine verhindert werden. Die Thread-Prioritäten können damit ohne Verzögerung durchgesetzt werden.

Eine wesentlich flexiblere Lösung wäre aber eine standardisierte Scheduler-Schnittstelle. Der Mechanismus zur Threadumschaltung verbleibt in der virtuellen Maschine, aber die Prozessorvergabestrategie wird von einem *Scheduler-Objekt* der Anwendung bestimmt. Damit kann die Strategie an die speziellen Anforderungen der Anwendung (z.B. Cyclic Fixed-Priority Scheduling [7]) angepaßt werden. Beide vorgeschlagenen Lösungen sind aber nur realisierbar, wenn man die virtuelle Maschine verändern kann. Dies wird bei den Java-Prozessoren aber wahrscheinlich nicht möglich sein.

## Garbage Collection

Die Klasse java.lang.Runtime exportiert eine Methode gc( ), über die der Garbage Collector synchron aufgerufen werden kann. Außerdem startet die virtuelle Maschine den Garbage Collector immer dann, wenn nicht mehr genug Speicher für neue Objekte vorhanden ist.

Da die meisten Java-Systeme einen einfachen Mark-and-Sweep-Algorithmus [8] verwenden, müssen alle anderen Threads angehalten werden, während der Garbage Collector läuft. Es läßt sich aber weder vorhersagen, wann eine Garbage-Collection-Phase beginnt, noch wie lange sie dauert. Dieses Vorgehen ist für Echtzeitsysteme natürlich ungeeignet.

Neuere, *inkrementelle Garbage-Collection-Techniken* [8] erlauben es dagegen, die anfallende Arbeit auf mehrere kurze Phasen zu verteilen. Durch die geschickte Wahl der Garbage-Collection-Phasen ist es sogar möglich, daß hochpriore Threads nie durch eine solche Phase unterbrochen werden [9].

Die meisten inkrementellen Verfahren kopieren Objekte von einem Speicherbereich in einen anderen und benötigen deshalb mehr Ressourcen als ein Mark-and-Sweep-Algorithmus. Der verfügbare Speicher kann dadurch nur zur Hälfte von der Anwendung genutzt werden. Vorteilhaft ist aber, daß kleine ungenutzte Speicherbereiche zusammengefaßt werden. Mit verschiedenen Modifikationen des einfachen Kopierverfahrens, wie sie in [8] besprochen werden, kann die Effizienz von inkrementellen Verfahren weiter gesteigert werden.

Der Garbage Collector ist derzeit in die virtuelle Java-Maschine integriert. Daher kann die Garbage Collection-Strategie nur durch Veränderung der virtuellen Maschine beeinflußt werden. Die Anforderungen an die Speicherverwaltung sind jedoch stark von den Eigenschaften der Anwendungsobjekte, wie Objektgröße und - lebensdauer, abhängig. Damit die Anwendung die Garbage-Collection-Strategie selbst bestimmen kann, ist eine Schnittstelle erforderlich, auf der in Java geschriebene Garbage Collectoren aufsetzen können.

**Ein- und Ausgabeschnittstellen**

Bei der Interaktion von Echtzeitsystemen mit ihrer Umwelt spielen kurze Latenzzeiten eine wichtige Rolle. Um dies zu erreichen, werden die Ein- und Ausgabegeräte meist direkt programmiert.

Java bietet dagegen nur Ein- und Ausgabeoperationen auf einem sehr hohen Abstraktionsniveau an. Die java.io API bildet die Ein- und Ausgabesysteme auf synchrone Datenströme ab. Asynchron auftretende Ereignisse wie Hardwareunterbrechungen sind in Java nicht vorgesehen. Java-Anwendungen, die auf asynchrone Ereignisse reagieren müssen, erzeugen deshalb für jede Ereignisquelle einen Thread, der sich blockiert, bis das Ereignis eintritt.

Bei der Entwicklung von JavaOS wurde auch eine Schnittstelle für in Java geschriebene Gerätetreiber definiert [5], die in einer Echtzeit-Java-Umgebung wiederverwendet werden kann. Mit dieser *Treiber-API* ist es möglich, Hardwareunterbrechungen direkt an Java-Programme weiterzugeben, wodurch sich die Latenzzeiten verkürzen.

Weil Gerätetreiber eng mit dem Scheduler und dem gesamten Laufzeitsystem zusammenarbeiten, muß die Treiber-API in die virtuelle Maschine integriert werden. Dies kann z.B. in Form einer Bibliothek geschehen, die dynamisch zur virtuellen Maschine gebunden wird.

**Plattform unterhalb der Java-Maschine**

Die Java-Umgebung kann ihren Anwendungen natürlich nur Garantien für Ausführungszeiten geben, die sie selbst von dem darunterliegenden Betriebssystem bekommen kann. Setzt die virtuelle Java-Maschine auf einem Echtzeitbetriebssystem auf, müssen folgende Bedingungen erfüllt sein.

- Der Java-Prozeß muß selbst mit Echtzeitpriorität ablaufen, um auch Echtzeiteigenschaften für die Java-Threads zu garantieren.

- Es müssen geeignete Zeitgeber mit einer hinreichend genauen Auflösung zur Durchsetzung von Timeouts vorhanden sein.

- Stellt das Betriebssystem virtuellen Speicher zur Verfügung, so müssen alle Seiten des Java-Prozesses eingelagert sein und dürfen nie ausgelagert werden, da es sonst zu unvorhersehbaren Verzögerungen kommen kann.

## Schlußfolgerungen

Die derzeit von Sun definierte Java-Umgebung weist im Hinblick auf einen Einsatz für Echtzeitanwendungen eine Reihe von Defiziten auf. Durch die beschriebenen Modifikationen könnte der Programmierer weitreichende Kontrolle über das Zeitverhalten einer Java-Anwendung erhalten. Die damit vorhandenen Mechanismen reichen aus, um die meisten Echtzeitanforderungen zu erfüllen. Da nur einige implementierungsabhängige Module ausgetauscht und die Klassenbibliotheken erweitert werden, entspricht solch eine Echtzeit-Java-Maschine noch immer der Spezifikation von Sun [3]. Die Modifikationen reichen aber nicht aus, um harte Echtzeitanforderungen zu erfüllen, da beispielsweise die Analyse der maximalen Ausführungszeiten von Methoden und Ausnahmebehandlungsroutinen nicht möglich ist.

## 3  Real-Time Java

Nilsen hat in [10] und [11] eine Erweiterung der Sprache Java vorgeschlagen, die viele in der Echtzeitprogrammierung benötigte Abstraktionen als Sprachkonstrukte enthält. Dieses *Real-Time Java* ist eine Obermenge von Java1.0 [2], gleichzeitig schränkt es aber auch die Verwendung bestimmter Java1.0-Konstrukte ein.

Um die Bytecode-Kompatibilität mit Java1.0 zu sichern, werden Real-Time-Java-Programme von einem Präprozessor in Java1.0 übersetzt. Der Präprozessor benutzt festgelegte Strukturierungskonventionen, die später von einer Real-Time-Java-Maschine erkannt und ausgewertet werden. Für die meisten Sprachkonstrukte werden außerdem Methoden einer Real-Time-API [11] aufgerufen. Die Real-Time-API läßt sich auch auf einer Standard-Java-Maschine implementieren, wobei dann keine Echtzeitgarantien möglich sind. Abbildung 1 zeigt das Verhältnis zwischen Standard-Java und Real-Time Java.

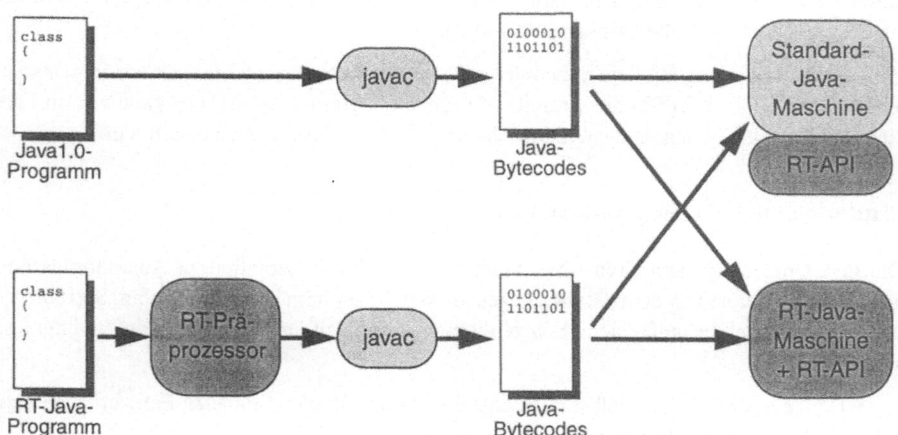


**Abb. 1: Standard-Java und Real-Time Java**

Die Erweiterungen zur Unterstützung von Echtzeitanwendungen durch Real-Time Java umfassen Konventionen, die eine Analyse maximaler Ausführungszeiten ermöglichen. Weiterhin wurden neue Abstraktionen für Echtzeitaktivitäten (*Tasks* genannt) eingeführt sowie Sprachkonstrukte entwickelt, die eine Markierung von zeitlich begrenzten bzw. atomar auszuführenden Programmblöcken erlauben. Zur Anpassung von Anwendungen für die jeweilige Plattform wurde eine Konfigurationsschnittstelle vorgesehen.

**Analyse maximaler Ausführungszeiten**

Oft ist es notwendig, im voraus eine obere Grenze für die Zeit anzugeben, in der ein Programmblock ausgeführt wird (*Worst Case Execution Time*). Dies ist beispielsweise der Fall, wenn ein Thread Timeout-Ausnahmen behandelt. Der Timeout muß dann so früh ausgelöst werden, daß die Ausnahmebehandlung noch innerhalb des für den Thread vorgesehenen Zeitquantums abgeschlossen ist, da sonst die Ausführung anderer Threads verzögert wird. Dazu wird der Timeout um die maximale Ausführungszeit der Ausnahmebehandlungsroutine verschoben.

Eine obere Grenze für die Ausführungszeit eines Programmblocks läßt sich nur dann angeben, wenn es obere Grenzen für alle darin verwendeten Befehle gibt. Deshalb gelten für einige Programmteile in Real-Time Java Beschränkungen. In analysierbaren Programmblöcken dürfen nur final-Methoden (Methoden, die nicht von einer Unterklasse reimplementiert werden können) aufgerufen werden und die Anzahl von Schleifendurchläufen muß begrenzt sein.

**Berechnungsmodell**

Ein Real-Time Java-Programm besteht aus einer Menge von Echtzeitaktivitäten, die um den Prozessor konkurrieren. Es gibt es vier verschiedene Arten von Echtzeitaktivitäten:

- *Cyclic Tasks* werden zur Modellierung von periodischen Aktivitäten benutzt. Ein Beispiel hierfür ist das Abtasten eines Videosignals mit fester Bildwiederholrate. Damit eine periodische Aktivität in den Ablaufplan des Schedulers eingebaut werden kann, müssen ihre Frequenz bzw. Periode und die geplante Ausführungszeit bekannt sein. Diese Parameter garantieren jedoch nur, daß die Aktivität einmal pro Periode gestartet wird, wodurch es vorkommen kann, daß eine solche Aktivität am Ende der einen Periode und zu Beginn der nächsten Periode ausgeführt wird. Um diese Verschiebung innerhalb der Periode (*Jitter*) zu kontrollieren wird noch ein dritter Parameter benötigt. Cyclic Tasks werden dadurch implementiert, daß einmal pro Periode ein neuer Thread gestartet wird, der sich entweder selbst beendet oder durch einen Timeout unterbrochen wird.

- *Sporadic Tasks* sind Aktivitäten, die als Reaktion auf externe Ereignisse gestartet werden. Wie bei Cyclic Tasks reserviert der Scheduler im Ablaufplan Zeitintervalle für diese Aktivitäten. Deshalb muß die maximale Frequenz der auslösenden Ereignisse und die geplante Ausführungszeit der Aktivität bekannt sein. Zu jeder Sporadic Task gehört ein Thread, der gestartet wird, wenn das externe Ereignis eintritt. Sollte die Task länger als die geplante Ausführungszeit benötigen, wird sie durch einen Timeout unterbrochen.

- *Spontaneous Tasks* werden von anderen Aktivitäten während der Laufzeit erzeugt und dienen dazu, Aktivitäten zu bestimmten Zeitpunkten einmal zu starten. Dabei wird eine gewünschte Startzeit, eine maximale Abweichung von der Startzeit und die geplante Ausführungszeit angegeben. Der Scheduler sucht dann ein passendes Zeitintervall, um die Aktivität auszuführen. Da Spontaneous Tasks erst nachträglich in den Ablaufplan eingebaut werden, kann es passieren, daß kein passendes Zeitintervall zur Verfügung steht und deswegen die Erzeugung der Aktivität nicht möglich ist.

- *Ongoing Tasks*: Die bisher beschriebenen Aktivitäten werden immer innerhalb eines Zeitintervalls abgeschlossen. Ongoing Tasks dagegen ermöglichen längere Berechnungen, die nicht in dieses Schema passen. Für solche Aktivitäten werden ebenfalls Zeitintervalle im Ablaufplan reserviert, aber die Aktivität wird nach Ablauf eines Zeitintervalls nur angehalten und im nächsten Intervall fortgesetzt. Um einen Fortschritt der Aktivität zu garantieren, können bei ihrer Erzeugung die Menge der Intervalle pro Zeiteinheit und die minimale Größe eines Zeitintervalls angegeben werden.

Jede Echtzeitaktivität besteht aus 3 Methoden (start( ), work( ) und finish( )), die jeweils optional. Die maximalen Ausführungszeiten des start- und finish-Methode müssen analysierbar sein. Das für eine Aktivität reservierte Zeitintervall muß mindestens so groß wie die Summe dieser beiden maximalen Ausführungszeiten sein, damit garantiert werden kann, daß beide Methoden auf jeden Fall ausgeführt werden. An die work-Methode werden keine besonderen Anforderungen hinsichtlich der Analysierbarkeit gestellt. Sie kann jedoch an einer beliebigen Stelle unterbrochen werden, wenn im aktuellen Zeitintervall nur noch so viel Zeit übrig ist, wie die finish-Methode benötigt.

**Neue Sprachkonstrukte**

Real-Time Java erweitert den Sprachumfang von Java1.0 um Schlüsselwörter zur Beschreibung von zeitlich begrenzten bzw. atomar auszuführenden Programmblöcken.

Das Schlüsselwort timed kennzeichnet einen Programmblock, dessen Ausführungszeit begrenzt werden soll. Wenn die angegebene Zeit überschritten wurde, wird die Ausnahme Real-Time.TimeOut an den umgebenden Block zurückgegeben. Bei der Übersetzung von Real-Time Java in Java1.0 generiert der Präprozessor aus einem timed-Block einen try-Block, an dessen Anfang ein Timeout gesetzt wird. Mechanismen für Timeouts sind Bestandteil der Real-Time-API. Wenn der Timeout abläuft, wird der Thread mit einer ThreadDeath-Ausnahme unterbrochen. Diese wird in einem ebenfalls vom Präprozessor generierten catch-Block abgefangen und in eine TimeOut-Ausnahme umgewandelt.

Real-Time Java unterstützt außerdem atomare Blöcke. Solche, mit dem Schlüsselwort atomic versehene Blöcke, werden entweder ganz oder gar nicht ausgeführt. Außerdem stellen atomare Blöcke sicher, daß Zwischenergebnisse nicht in anderen atomaren Blöcken des gleichen Objekts sichtbar sind, was der Semantik von synchronized-Methoden in Java1.0 entspricht. Die in atomaren Blöcken verwendeten Sprachkonstrukte müssen hinsichtlich ihrer maximalen Ausführungszeit analysierbar sein, wodurch sich eine obere Grenze für die Ausführungszeit des atomaren Blockes ergibt. Der vom Präprozessor erzeugte Code überprüft bei Betreten des atomaren Blocks, ob im aktuellen Zeitintervall noch mindestens so viel Zeit vorhanden ist, daß der Block nicht von einem Timeout unterbrochen wird. Die Real-Time-API enthält dafür geeignete Methoden.

**Konfiguration von Echtzeitanwendungen**

Nach dem Start einer Real-Time-Java-Anwendung beginnt zunächst eine Konfigurationsphase. In dieser Phase handelt ein Objekt, das den Echtzeitkern der Java-Maschine repräsentiert, mit dem Konfigurationsobjekt der Anwendung verschiedene Parameter aus. Das Konfigurationsobjekt meldet alle Echtzeitaktivitäten mit ihren Anforderungen hinsichtlich Ausführungszeiten und Speicherplatzbedarf an. Der Echtzeitkern entscheidet, ob er die Anforderungen erfüllen kann und teilt die Ergebnisse dem Konfigurationsobjekt mit.

Durch die Verhandlung von Parametern zwischen dem Echtzeitkern und dem Konfigurationsobjekt kann die Anwendung ihre Anforderungen den Fähigkeiten des Echtzeitsystems anpassen und sich gegebenenfalls rekonfigurieren. Dies ist beispielsweise nötig, wenn die Java-Maschine keine harten Echtzeitgarantien geben kann.

**Die Zukunft von Real-Time Java**

Mit der beschriebenen Real-Time-Java-Umgebung können alle heute in der Automatisierungstechnik üblichen Abläufe dargestellt werden. Real-Time Java ist allerdings kein offizieller Standard sordern bislang nur ein Diskussionsvorschlag.

Derzeit arbeitet Kelvin Nilsen mit seiner Firma NewMonics, Inc. an einer kommerziellen Implementierung von Real-Time Java. Sun Microsystems und JavaSoft haben bislang noch keine eigene API zur Unterstützung von Echtzeitanwendungen veröffentlicht.

# 4 Java in Automatisierungssystemen

Aufgrund der beschriebenen Defizite ist Java in seiner heutigen Form für die Programmierung von Automatisierungssoftware selbst sicher noch nicht die ideale Programmiersprache. Für die Erstellung und Bereitstellung von Bedien- und Beobachtungssystemen in verteilten Automatisierungssystemen bietet Java dagegen auch in seiner heutigen Form sehr interessante Perspektiven.

Java-Software kann in Form von *Applets* im Netzwerk bereitgestellt werden. Diese Applets können — unabhängig von der Hardware-Plattform — von anderen Rechnern im Netz geladen und dann dort ausgeführt werden. Hierdurch wird es möglich, die Bediensoftware zusammen mit den Automatisierungskomponenten auszuliefern. Eine Aktualisierung der Software auf den Bedienstationen ist nicht notwendig, da sich diese die Software jeweils nach Bedarf dynamisch von den zu steuerenden Komponenten laden können.

Die Plattformunabhängigkeit von Java ist in diesem Zusammenhang von sehr großer Bedeutung — man bleibt dadurch bei der Erstellung der Bediensoftware völlig unabhängig von der hinterher im Bedien- und Beobachtungssystem eingesetzten Hardware.

# 5 Zusammenfassung

Die Java-Plattform bietet eine Reihe positiver Eigenschaften, die die Programmierung von Echtzeitanwendungen in Java attraktiv machen. Die Realisierung von Echtzeitsystemen in Java wird jedoch derzeit durch einige, nicht mit Echtzeitanforderungen verträgliche Mechanismen in der Java-Maschine verhindert. Das Scheduling von Java-Threads, die Garbage-Collection-Strategien sowie Ein- und Ausgabeschnittstellen wurden als Problembereiche identifiziert und es wurden Vorschläge für alternative Implementierungen dieser Mechanismen gemacht.

Außerdem wurde mit Real-Time Java eine Erweiterung der Sprache Java vorgestellt, die die Programmierung von Echtzeitanwendungen vereinfachen soll. Real-Time Java ermöglicht es, Teile von Java-Programmen hinsichtlich ihrer maximalen Ausführungszeiten zu analysieren.

Darüber hinaus enthält Real-Time Java neben Java-Threads vier verschiedene Arten von Echtzeit-Tasks, mit denen periodische und kontinuierliche Echtzeitaktivitäten realisiert werden können. Der Sprachumfang wird um Konstrukte für zeitlich begrenzte und atomare Programmblöcke erweitert. Die Anpassung einer Real-Time-Java-Anwendung an die vorhandene Java-Umgebung erfolgt über eine Schnittstelle zwischen einem Konfigurationsobjekt der Anwendung und der Java-Maschine. Durch die von Real-Time Java eingeführten Mechanismen können nen alle derzeit in der Automatisierungstechnik verwendeten Abläufe modelliert werden.

Auch wenn Java für die Realisierung von Echtzeitsystemen selbst noch nicht problemlos eingesetzt werden kann, ist es für die Breitstellung von plattformunabhängiger, dynamisch über Netzwerk ladbarer Bediensoftware sehr gut geeignet.

Java weist in seiner heutigen Form für die Echtzeitprogrammierung noch große Defizite auf. Es darf aber nicht übersehen werden, daß die Entwicklung der Java-Umgebung(en) noch in vollem Gang ist. Da die zu lösenden Probleme weitgehend bekannt sind und gerade durch die Java-Prozessoren das Interesse, Java im Echtzeitbereich einzusetzen, stark wachsen wird, kann man davon ausgehen, daß viele der hier beschriebenen Probleme in künftigen Versionen des Java-Standards behoben sein werden.

## 6  Literatur


[1] J. Gosling, H. McGilton. *The Java Language Environment*, White Paper, Sun Microsystems Inc., Mountain View, CA, Oktober 1995.

[2] Sun Microsystems. *The Java Language Specification (Version 1.0 Beta)*, White Paper, Sun Microsystems Inc., Mountain View, CA, Oktober 1995.

[3] Sun Microsystems. *The Java Virtual Machine Specification (Release 1.0 Beta)*, White Paper, Sun Microsystems Inc., Mountain View, CA, August 1995.

[4] D. Kramer. *The Java Platform*, White Paper, Sun Microsystems Inc., Mountain View, CA, Mai 1996.

[5] P. W. Mandany. *JavaOS: A Standalone Java Environment*, White Paper, Sun Microsystems Inc., Mountain View, CA, Mai 1996.

[6] D. J. Berg. *Java Threads*, White Paper, Sun Microsystems Inc., Mountain View, CA, März 1996.

[7] M. Joseph. *Real-Time Systems - Specification, Verification and Analysis*, Prentice Hall Int., London, 1996.

[8] P. R. Wilson. Uniprocessor Garbage Collection Techniques. *Int. Workshop on Memory Management*, St. Malo, Frankreich, Lecture Notes in Computer Science No. 637, Springer-Verlag, September 1992.

[9] B. Magnusson, R. Henrikson. Garbage Collection for Hard Real-Time Systems. *4th Int. Workshop on Object-Orientation in Operating Systems*, Lund, Schweden, IEEE, August 1995.

[10] K. Nilsen. Issues in the Design and Implementation of Real-Time Java. *Java Developer's Journal*, Vol. 1, No. 1, pp. 44-57, Juni 1996.
(http://www.newmonics.com/WebRoot/technologies/java/RTJI.ps)

[11] K. Nilsen. *Real-Time Java (Draft 1.1)*, NewMonics Inc., Ames, IA , Februar 1996.
(http://www.newmonics.com/WebRoot/technologies/java/rtjava.api.v.1.1.ps)